中国支付清算

2022 年第 3 辑　总第 15 辑

中国支付清算协会◎编

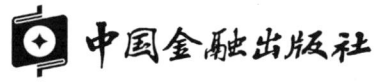

责任编辑：黄海清
责任校对：李俊英
责任印制：张也男

图书在版编目（CIP）数据

中国支付清算. 2022 年. 第 3 辑/中国支付清算协会编. —北京：中国金融出版社，2022.10
ISBN 978 – 7 – 5220 – 1759 – 4

Ⅰ. ①中… Ⅱ. ①中… Ⅲ. ①支付方式—研究报告—中国—2022 ②货币结算—研究报告—中国—2022 Ⅳ. ①F832.6

中国版本图书馆 CIP 数据核字（2022）第 171627 号

中国支付清算. 2022 年. 第 3 辑
ZHONGGUO ZHIFU QINGSUAN. 2022 NIAN. DI-3 JI

| 出版 | 中国金融出版社 |
| 发行 | |

社址　北京市丰台区益泽路 2 号
市场开发部　（010）66024766，63805472，63439533（传真）
网 上 书 店　www.cfph.cn
　　　　　　（010）66024766，63372837（传真）
读者服务部　（010）66070833，62568380
邮编　100071
经销　新华书店
印刷　河北松源印刷有限公司
尺寸　185 毫米 × 260 毫米
印张　12
字数　200 千
版次　2022 年 10 月第 1 版
印次　2022 年 10 月第 1 次印刷
定价　40.00 元
ISBN 978 – 7 – 5220 – 1759 – 4
如出现印装错误本社负责调换　联系电话　（010）63263947

《中国支付清算》专家委员会

主任委员：张青松

专家委员：（按姓氏笔画排序）

王 信 孙天琦 李 扬 李 伟

吴卫星 陈 波 赵晓菊 温信祥

《中国支付清算》编委会

主 编：陈 波

副 主 编：王素珍

声　明

向《中国支付清算》投稿即视为授权本书将稿件纳入本书确定的相关学术资源数据库和网站、微信公众号，包括但不限于中国支付清算协会官方网站（http://www.pcac.org.cn）和微信公众号（"中国支付清算协会"）对外传播。本书支付给作者的稿酬已包含上述数据库和网站、微信公众号著作权使用费。如有异议，请在来稿时注明，本书将作适当处理。

投稿文章须为原创作品，严禁抄袭，文责自负。刊稿仅反映作者个人的观点，并不代表《中国支付清算》主办单位立场。

目 录

◈ 金融普惠

数字化经营助力乡村振兴发展
——农业银行服务乡村振兴的实践与思考
文/杨建荣 / 3

以"科技向善"加快移动支付普惠发展
——财付通公司支付业务十年普惠价值实践
文/林海峰 / 9

◈ 金融稳定

从支付系统数据看交易网络特征演化和金融机构关联性
文/盖　静　王一琛　侯圣博　张昊然　朱新彤 / 19

◈ 金融监管

大数据征信监管体系的动因、框架和路径规制研究
文/倪　楠　丁　元 / 35

非银行支付机构分公司监管问题探讨
文/任丽丽 / 49

对完善我国支付机构网上跨境支付外汇管理问题的思考
文/张　倩 / 56

◈ 法律探讨

"个人信息保护法"时代下支付清算行业发展与展望
文/陈　建 / 65

◆ **金融服务**

对已故存款人存款查询与提取的思考与建议
　　文/金晓灵 / 77

◆ **金融工具**

加快推动票据业务服务规模以上工业企业发展的建议
　　文/肖小和　李紫薇 / 85

银行移动支付发展策略
——消费心理学考量
　　文/石宝臣　娄　辉 / 94

手机号码支付业务在贵州省农村地区的推广实践与思考
　　文/卢金龙 / 99

◆ **案例研究**

普惠金融领域支付结算模式创新
　　文/中国建设银行山东省分行课题组 / 107

供应链票据服务银行业务发展
　　文/国家开发银行山东省分行课题组 / 115

对公业务综合支付服务创新
　　文/齐鲁银行课题组 / 122

◆ **风险管理**

商业银行智能风控应用的局限性
　　文/李鹏飞 / 133

关注利用分账平台规避备付金集中存管风险
　　文/张丰麒　董　伟 / 139

防范虚拟货币洗钱的思考
　　文/李嘉雯 / 144

◆ 统计分析

2022 年第一季度非银行支付机构业务发展情况分析

  文/高阳宗 罗建华 崔元悦／155

◆ 政策传递

中国人民银行关于支持外贸新业态跨境人民币结算的通知

 （银发〔2022〕139 号）／167

中国银保监会 中国人民银行关于进一步促进信用卡业务规范健康发展的通知

 （银保监规〔2022〕13 号）／170

《中国支付清算》征稿启事／178

金融普惠

数字化经营助力乡村振兴发展

——农业银行服务乡村振兴的实践与思考

文/杨建荣[*]

摘要： 农业银行长期扎根于县域农村。做好乡村振兴金融服务是贯彻落实中央战略部署的政治任务，也是农业银行立行兴业的战略性根基。服务对接国家乡村振兴战略，重点是把握好乡村振兴重点领域金融服务，服务好重要农产品供给保障，服务好乡村建设和治理，服务好农村产业绿色发展。近年来，农业银行积极顺应时代变革趋势，将数字经营提升为全行战略，全力打造与新时期服务"三农"相适应的平台级产品支撑能力、企业级数据能力、组织级敏捷能力、全面连接能力以及数字风控能力，利用数字化经营手段提升服务"三农"、服务乡村振兴的质效，加快实现涉农金融服务模式的变道换挡。

关键词： 乡村振兴　数字化　金融服务

一、农业银行服务乡村振兴的实践

实施乡村振兴战略是新时代党和国家"三农"工作的总抓手。为贯彻落实国家建设数字乡村战略要求，农业银行作为服务"三农"的国家队、主力军，始终坚守服务"三农"的战略定位，大力推进涉农业务数字化转型，充分运用数字化手段，发挥数据价值创新信贷模式，推广便民移动支付，为乡村振兴产业发展、农民生产经营、美丽乡村建设提供高质量的金融服务，努力让"三农"金融服务插上科技的"翅膀"。

---

* 作者单位：农业银行网络金融部。

践行"金融普惠",为县域小微企业和农户生产经营输送"金融活水"。作为服务实体经济的主力银行,农业银行围绕构建新发展格局,以金融普惠为己任,重点围绕农业绿色发展、农民生产经营等重点领域,加大涉农小微企业客户和农户生产经营与增收致富资金支持,创新推出"农银e贷"线上贷款产品体系,综合运用大数据分析、人工智能建模等科技手段,通过引入外部征信、税收、市场以及内部交易流水等数据,对小微企业客户和农户进行全息立体画像,以数测额,真正做到让数据多跑路、让农民少跑腿,有效解决涉农小微企业和农户融资难、融资贵问题。截至2021年底,全行"农银e贷"余额已达2万多亿元,较2020年底增长63%,线上供应链融资突破1000亿元;"惠农e贷"余额超5400亿元,为超过1200万农户建立信息档案。

突出"数据赋能",为农产品生产供给和产业发展搭建融资融智平台。数字化手段服务乡村振兴的关键是数据应用,让数据驱动金融服务全过程,通过业务数据化和数据业务化的螺旋上升闭环,为涉农企业和银行带来"多快好省准"的提升。自2020年起,农业银行配合国家农村集体产权制度改革,推出了农村集体资金、资产、资源"三资"管理平台,为当地清产核资、产权改革等提供科技支撑,为粮食等重要农产品的生产、加工、销售等提供全流程资金保障。截至2021年底,共与全国1200多个县签署合作建设"三资"平台协议,已在900多个县正式上线,覆盖12.3万个行政村。乡村产业贷款余额11392亿元,比年初增加1946亿元。

坚守"支付为民",让广大农村居民享受到现代化支付服务。农业银行一半以上的客户分布在县域乡村。近几年来,农业银行致力于改善农村支付环境,大力推动移动支付便民工程,创建便民支付示范村,按照"大额更安全,小额更便捷"的思路,依托"乡村版"掌银,整合各类支付资源,集成移动支付、便民缴费、扫码支付、指纹支付、无卡支付以及医保支付等"农银快e付"系列产品,持续开展兴村惠农的支付满减、立减、支付送积分等优惠活动,将便捷、简单、实惠的现代支付工具布放到田间地头。截至2021年底,农业银行县域手机银行注册客户数达1.86亿户,"乡村版"掌银月活跃客户数超过300万户。农业银行掌银荣获《财资》杂志"最佳支付体验奖"。为促进消费扶贫,农业银行还推出了兴农商城,建立了连接帮扶企事业单位与客户的电商销售经营模式,探索出一条合作帮扶的新路径。截至2021年底,扶贫商城年累计交易额8亿多元。

强化"渠道协同",为县域农村客户提供线上线下一体化的闭环服务。网点资源是农业银行打造"服务'三农'领军银行"的传统优势,信息技术的发展大大拓展了服务客户的触点。农业银行在优化传统渠道布局的同时,坚持移动App优先发展战略,大力实施线下、线上双轮驱动,依托县域网点、自助银行、惠农通服务点、手机银行和流动服务构建了立体式服务渠道体系,打通农村金融服务的"最后一公里",推进渠道间系统融合、数据共享、流程贯通。一方面,以线上赋能线下业务转型,不断打造线上线下联动协同的服务平台,加强掌银与营销PAD自有渠道、自助设备的互联互通,将掌银打造成涉农服务的超级枢纽。另一方面,以线下支撑线上服务营销,构建线下融入乡村生产生活场景、开放共赢式的"生活+金融"服务平台。2021年底,全行共有县域网点1.26万个,占比56%;惠农通服务点总数19.3万个,县域掌银月活客户数达6354万户。

聚焦"精准防控",为涉农资金提供全方位的安全保障。农业银行高度重视数字化经营带来的网络安全、数据保护等领域的新型风险,通过推进云计算、分布式、人工智能等技术的广泛深入应用,以及容灾和网络安全等方面的建设,显著加强了安全运营能力,为涉农客户安心、放心使用金融服务保驾护航,在"双十一"、春节等业务高并发的关键时点,为客户业务安全办理提供有力保障。根据网联发布的2021年度银行渠道能力评价报告,农业银行渠道能力在同类银行中排名位居首位。同时,农业银行深入贯彻落实国家关于打击治理电信网络诈骗的决策部署,通过数字化手段强化反欺诈能力建设,依托"天蓬"企业级智能反欺诈平台,对网络金融、信用卡、借记卡和企业账户等业务领域507类高风险交易和线上信贷产品统一监控,日均监测交易2.83亿笔。

二、提升数字经营能力服务乡村振兴的几点经验

作为新中国设立的第一家国有银行和我国农村金融骨干支柱,成立71年来,农业银行围绕不同发展阶段中央"三农"工作主线,持续加大金融支农力度,在农村改革发展建设,特别是打赢脱贫攻坚战和乡村振兴的历史进程中发挥了重要作用。70多年的发展历程,进一步加深了我们对金融服务"三农"的规律性认识,更加坚定和增强了以数字化的经营手段做好乡村振兴金融服务的信心和决心。

必须坚持创新驱动,着力提升聚合贯通的线上经营能力。顺应数字技术向农业农村领域渗透的发展趋势,围绕农业发展、乡村建设、乡村治理和农村消费等重点领域金融需求,农业银行强化线上经营平台创新,以平台凝聚全行经营合力,对外服务广大客户,对内连接平台、产品和客户部门,同时联动总分行各级机构。农业银行牢牢把握调整生产关系以适应新的生产力这一根本原则,统筹互联网集约化优势,在同业中率先定位网络金融部门为平台部门,负责牵头全行线上展业,发挥创新引领和服务支撑作用,推动线上业务由部门经营向全行经营转型,由渠道经营向平台经营转型,从根本上聚集全行涉农经营资源,推动产品部门、客户部门共同提升乡村振兴金融服务的覆盖面和质效。

必须坚持共建共享,着力构建开放连接的涉农场景生态。依托数字化手段建立C端、B端和G端场景连接,与政府部门、产业龙头企业、涉农供应链等外部生态合作方深度连接,打通全渠道、全场景的涉农服务链路,打造具有农业银行特色的"金融+场景"生态体系。如在"乡村版"掌银引入京东特惠第三方合作商,搭建"春耕专场"主题营销活动,向县域客户提供农机具优惠采买服务。联合多家农业产业化龙头企业推出"乡村味道"场景,汇聚质优价实特色农副产品,用"好玩法""好商品"打动消费者,形成良好社会效应。截至2021年底,累计开展7场专场活动,"乡村味道"场景访客数达694万人,成交客户数达11万人。

必须坚持工匠精神,着力打磨适合农村地区客户习惯的产品体验。农业银行在大力发展掌银的同时,不忘聚焦"三农"服务,紧扣县域乡村用户的日常需求,重点聚焦贷款、存款、缴费等基础金融,推出专属贷款、理财产品以及便捷的语音识别服务,解决了农户不会用、不敢用、操作难等痛点。结合县域乡村地区日常高频使用场景,深入开展"掌银下乡·兴村惠农"专项活动,持续提升线上服务能力。同时,针对农村地区小微企业客户"开户难"问题,以数字化手段重塑业务流程,不仅将企业全流程开户时间由4个工作日压缩到2.5个工作日,还有效解决了农村地区高发的虚假开户、企业"被开户""被信贷"等问题。

必须坚持业技融合,着力打造快速迭代的敏捷研发机制。敏捷反应能力是数字化的基本要求,需要构建与之发展相匹配的敏捷性组织,创新跨部门、跨条线的融合模式。农业银行将涉农重大项目作为数字化转型的重点,优先保障科技力量投入，专门成立了业务、技术、数据融合的敏捷团队，组建了近500人的业技融合队伍，在具体实施层面，研发经理与产品经理合署办公，采用敏捷迭代的方式持续推进版本升级。2021年，农业银行"乡村版"掌银先后发布了近十个过渡版本和数十个小版本。

三、为乡村振兴提供高质量线上金融服务的设想

立足新发展阶段，农业银行围绕"打造'三农'普惠领域最佳数字生态银行"的目标，充分发挥国有大型商业银行作用，以高质量发展为引领，以数字乡村、开放金融、数据中台、智慧风控等数字经营重点工程为抓手，积极主动作为，全方位搭建适应乡村振兴金融服务的线上经营体系，全力提升线上经营能力，努力为推进全面乡村振兴和共同富裕提供高质量的线上金融服务。

大力开展数字乡村工程，推进掌银下乡入户。聚焦连接和运营两大主题，强化"流量循环"与"价值循环"双轮驱动，持续完善线上经营平台架构、功能，建立健全用户全生命周期运营体系，聚合涉农资源，把掌银打造成农业银行服务乡村振兴的"超级入口"，助力建设宜居宜业美丽乡村。一是大力推广"乡村版"掌银，完善平台用户体系、数据标准、安全认证等基础架构功能，力争2022年县域掌银月活客户增加1000万户，"乡村版"掌银月活客户增加600万户。二是深入推进数字乡村平台建设，巩固提升数字乡村金融服务领先地位，力争打造一批金融服务乡村产业、农村改革、数字乡村、绿色金融、乡村治理等领域示范样板，为农民增收致富提供市场信息咨询。三是研究制订数字人民币服务乡村振兴工作方案，着力构建数字人民币惠农场景，搭建财政补贴发放、涉农供应链、乡村医疗、乡村旅游等惠农惠民应用场景。

大力开展开放金融工程，主动融入各类涉农场景。从优势领域和垂直细分行业入手，持续完善"综合收银台+"业务模式，瞄准花卉、生猪、种业等重点农业子行业，加快推进特色行业解决方案，助力绿色农业发展壮大。以"三资"管理平台为突破口，探索智慧市场、智慧畜牧、智慧景区和乡村产业撮合场景建设，加快在重要农产品生产供给、乡村建设治理等重点领域取得新成效，推进农村第一、第二、第三产业融合发展。充分发挥分行贴近市场、贴近客户的优势，建立农户身边的本地商圈，拓展高频农村生活场景，提炼涉农场景标准化建设模

板，强化共享复用。建设开放银行标准化开放接口，为外部开发者提供统一接入服务，利用开放银行平台，将金融服务解构成标准化原子组件，积木式拼装，嵌入涉农教育、医疗、政务、出行等一系列高频场景应用，提供综合化金融服务，为农业农村现代化贡献更多金融力量。

大力开展数据中台工程，提升涉农服务运营水平。加强数据在涉农领域的应用，突出打造集约化、精细化的经营能力，以移动营销 Pad 为载体，赋能基层客户经理线上经营，为分行提供简单好用的营销服务工具，释放县域分支行经营活力。一是在取得客户授权、确保敏感数据安全的前提下，建设行为数据采集分析平台，完善农业农户大数据采集机制，加强涉农数据整合利用，通过多维度、关联性分析，挖掘农村客户金融非金融偏好和掌银使用习惯，为涉农资金发放提供支持。二是健全标签体系，构建线上涉农产品、客群分层分群模型、产品推荐和交易风险识别模型，推进算法策略在客户线上旅程各环节的应用部署，为涉农客户提供精准化产品推荐，助力智慧农业建设。三是完善移动营销 Pad 应用，整合营销流程，建立协同营销闭环，打造客户经理服务乡村振兴的"超级工作台"，切实提升基层行线上经营的参与度和获得感。

大力推进智慧风控工程落实，守住全链路涉农资金安全。针对农村地区常见风险特征，创新优化线上业务风控工具和方法，构建全渠道、全链路、全流程智能风控闭环，着力提高风险识别能力、差异化风险控制能力和风险处置效能。一是提高"惠农 e 贷"风险识别智能化水平，加快贷后评分模型上线应用，对接全行智能反欺诈平台、烽火平台，开展风险监测预警，丰富涉农交易动态管控手段，提高线上农户贷款风险管控能力。二是完善风控响应机制。建立以指标为核心的线上风控管理模式，引入线上风控工具和手段，构建线上风控运营闭环，强化风险提前感知、精准识别、快速分析和及时拦截能力。三是有效防范涉赌涉诈风险。针对农村地区涉赌涉诈风险高发态势，建立线上客户风险管控中心，健全线上线下协同核查机制，理顺各级行管控/解控服务流程，提升风险监测、对抗能力。

以"科技向善"加快移动支付普惠发展

——财付通公司支付业务十年普惠价值实践

文/林海峰[*]

摘要： 党的十八大以来，在监管部门和行业协会的监督指导下，我国支付行业获得了长足发展，移动支付等新兴业务在小额、便民等场景快速普及，成为全球数字金融、普惠金融创新发展的经典案例。本文从企业实践角度出发，介绍了财付通公司支付业务经营理念和发展历程，全面剖析了支付业务在服务实体经济、保障民生需求、助力小微企业、提升安全水平、创新公益模式方面的普惠价值与能力。

关键词： 移动支付 发展历程 企业实践 普惠价值

作为现代经济活动中不可或缺的环节，支付承载着资金流转的基础性功能，连接着亿万消费者和商户。党的十八大以来，得益于包容审慎监管框架奠定的制度基础，以及移动互联网时代充分释放的市场红利，我国支付产业实现了跨越式发展，移动支付创新应用在小额、高频的差异化交易场景中率先破局，形成了对传统非现金支付工具的必要补充，并凭借其便捷性和低成本优势，实现了业务规模的高增长、交易场景的广覆盖、用户使用的高普及。同时，移动支付蕴藏的普惠价值获得了国际社会的广泛关注，以快捷支付、条码支付为代表的业务发展，实现了从"copy to China"到"copy from China"的重要转型，对全球数字支付、普惠金融的创新发展产生了巨大的示范效应。

---

[*] 作者单位：财付通支付科技有限公司。

一、"科技向善"引领财付通支付业务经营理念

自成立以来,财付通始终秉承服务实体经济经营、助力电子商务繁荣、推动数字经济实践等发展方向,日常业务开展中始终坚守合规为本、敬畏风险、合作共赢的发展理念,通过创造用户价值,连接行业合作伙伴,构建融通开放的生态体系。在严格落实合规要求的前提下,财付通将科技与创新作为"双引擎",共同驱动支付业务朝着便捷、高效、安全、普惠的路径精进成长。

近年来,在"科技向善"使命愿景的引领下,财付通通过前沿科技与支付服务的创新结合,一方面,坚定不移提升科技能力,为用户提供更好的产品和服务,提升生产效率和生活品质;另一方面,善用科技,将社会责任融入产品及服务,共享社会价值、增进社会福祉。同时,立足于"用户、产业、社会"(CBS)三位一体的发展框架,财付通更多聚焦以用户价值、科技创新和社会责任为中心的本源,积极投入资源、释放能力,基于移动支付服务做好行业数字化助手,持续推动改善用户和商户福祉,创造更多社会价值,践行"可持续社会价值创新"战略。

二、"黄金十年"助推财付通移动支付快速发展

党的十八大以来,在时代红利的驱动下,我国支付产业扎根于实体经济的本源并取得了长足发展,以移动支付为代表的非现金支付市场规模持续扩大。2012—2021年,我国商业银行和非银行支付机构处理的移动支付业务笔数由26.48亿笔增长到11472.31亿笔,金额由2.49万亿元增长到886.47万亿元,年均复合增长率分别达到96.32%和92.09%。以上成绩的取得,离不开监管部门的政策指导、行业协会的自律管理,也离不开产业链条各环节市场主体开拓创新、奋勇争先的内生动力。特别是在新冠肺炎疫情带来的极端压力面前,移动支付市场主体迎难而上、高效联动,全力确保服务不中断、效率不打折,彰显了行业发展韧性和社会责任感。

过去十年间,财付通既是移动支付产业中的实践者,也是产业繁荣发展的受

益者。伴随移动通信技术的成熟和智能手机等硬件设备的普及,财付通支付业务开始由 PC 端向手机端迁移,并由线上交易场景向线上线下融合场景延伸。作为国内最早一批开展网络支付业务创新的机构,财付通多年来一直以支持实体经济、小微企业、居民个人等现实支付服务需求为己任,先后创新性开发微信红包、条码收单、刷脸支付等多个支付服务创新产品。近年来,财付通通过社交支付的入口,持续精耕细作各类商业支付应用场景,持续向服务商和合作伙伴开放能力,基于微信支付"智慧生活解决方案"陆续覆盖数百万门店、数十个行业,助推了餐饮、零售、交通、旅游、公用事业等行业的数字化转型进程,为个人用户创造多种便民服务和应用场景,为商户提供专业的收款能力、运营能力以及安全保障。

三、财付通持续探索移动支付业务普惠路径

一般认为,稳健并有效运行的零售支付体系与普惠金融之间存在关联性,同时发展普惠金融也有助于促进零售支付体系及支付系统整体效率的提升。零售支付服务贯穿于个人、企业和公共机构之间的各类日常交易。因此,提高零售支付的安全、效率和可得性,能够为各类主体的经济活动带来诸多益处。以财付通实践为例,从支持经济、服务民生、助力小微、防范风险和创新公益等角度出发,探讨移动支付带来的积极作用和贡献。

(一)推动"多场景"应用,支撑数字经济纵深发展

信息技术的快速革新和广泛应用对人类社会产生了深远影响,数字经济成为继农业经济、工业经济之后的全球主要经济形态。面对新一轮技术革命和产业变革,党和国家高度重视数字经济发展,围绕数字经济的顶层设计不断完善,带动数字经济相关产业规模高速增长。工业和信息化部数据显示,2012—2021 年,我国数字经济规模从 11 万亿元增长到超 45 万亿元,数字经济占 GDP 比重由 21.6% 提升至 39.8%,连续数年位居世界第二[①]。作为备受瞩目的金融科技创新,移动支付在推动数字经济高质量发展方面具有战略意义,它的深层次价值不仅在于改变了零售支付习惯,更有效提高了支付结算速度,大幅提升了资金使用

---

① 我国数字经济规模超 45 万亿元,中国政府网,2022 年 7 月 3 日,http://www.gov.cn/xinwen/2022-07/03/content_5699000.htm.

效率。此外，与传统非现金支付工具相比，移动支付灵活嵌入场景的优势，在促进传统产业数字化转型的同时，也培育了新的数字经济增长点。

纵观财付通发展历程，2014年春节，融合中国传统习俗和支付属性的微信红包在微信生态上线，成为过去几年老百姓在春节期间的必备社交娱乐工具。在微信红包的带动下，财付通开启了在移动支付领域深耕细作的全新篇章。随后，移动出行市场成为移动支付率先落子的线下场景，用户打车可以扫描司机的二维码支付车费，这也使移动支付从电商网购、社交转账等线上场景，开始向线下生活服务类场景延展。经过多年发展，财付通运营的微信红包、微信转账、条码支付、刷脸支付等多款支付产品，已经深入人们日常生活的方方面面，成为腾讯公司"用户为本、科技向善"发展理念的最好实践。

移动支付在给人们的消费、出行、娱乐等支付体验带来诸多新改变的同时，也在逐渐改变着人们的消费观念和生活方式。现在，在国内大部分城乡地区出门不带钱包，从早到晚使用移动支付消费各类线上线下应用场景已成为可能。近年来，财付通支付服务与各行各业也持续推动深度融合，通过增加服务功能、优化业务流程、改善用户体验、提高企业效率等措施，搭建起移动支付服务生态圈，便捷、经济的移动支付方式成为线上教育、远程医疗、知识付费、网络直播等一系列新兴数字经济形态得以实现的前提条件。在线下服务领域，微信支付应用场景已经在外卖送餐、交通出行、电子票务等日常场景中逐渐普及，成为线上线下融合的数字经济形态演变过程中的重要连接点。

（二）坚守"惠民生"理念，保障疫情期间民生需求

近年来，随着智能手机与移动互联网等基础设施的日益完善，非银行支付机构、商业银行等主体推出的条码支付方式，已经成为遍布城乡的主流支付工具之一，不仅开辟了线下移动支付的全新路径，也成为与百姓生活息息相关的常用工具之一。从全球视角看[1]，Statista数据显示，2021年，中国智能手机用户线下移动支付业务渗透率为87.3%，遥遥领先于韩国（45.6%）、美国（43.2%）、印度（40.1%）、日本（34.9%）、英国（24.4%）。从国内情况看，中国支付

---

[1] Share of smartphone users who use proximity mobile payments in 23 different countries worldwide in 2019 and 2021, Statista, https://www.statista.com/statistics/244501/share-of-mobile-phone-users-accessing-proximity-mobile-payments-country/.

清算协会数据显示，在使用频率上，每天使用移动支付的用户占比由2015年的33.6%[①]上升至2021年的78.3%[②]；在使用习惯上，通过条码方式使用移动支付的用户占比由2015年的24.8%[③]上升至2021年的95.7%[④]，成为最常用的移动支付方式。

在2020年初新冠肺炎疫情暴发前，我国已经基本完成移动支付场景建设和用户普及，为疫情期间各类远程、无接触服务提供了重要支撑。财付通在保持社交距离、居家隔离等特殊时期，围绕移动支付能力建立的微信生态圈，不仅保障了居民衣、食、住、行方面的基本生活需要，并在此基础上使部分消费模式得以升级。疫情期间，使用微信支付，通过微信小程序、微信群等渠道买菜购物、外卖点餐、参与团购等成为居民采购生活必需品的主要方式。在线下场景中，扫码点餐成为餐厅减少接触的解决方案之一，用户在餐饮商户微信小程序内选择门店、餐品和自提时间，或者使用微信扫一扫店内二维码、小程序码即可点餐、付款。在公用事业缴费方面，通过连接电力、税务、燃气、供暖等公用事业机构，用户在足不出户的条件下，即可使用微信支付实现水、电、煤气、宽带网络等费用的缴纳，保障各项公用事业不断缴、不欠费。

（三）响应"稳主体"号召，助力小微企业共渡难关

移动支付在我国的发展起步于服务电子商务领域等中小微企业。过去的十年间，我国中小微企业数量迅猛增长，成为支撑经济发展韧性的"压舱石"。工信部数据显示，截至2021年末，全国企业数量达到4842万户，增长1.7倍，其中99%以上都是中小企业；中小企业的从业人数占比达到80%，私营个体就业总数达到4亿人[⑤]。在支付服务领域，得益于市场竞争充分，我国移动支付手续费率远低于其他国家和地区，PayPal在美国的条码支付费率为1.9%~2.4%[⑥]，我国

---

① 2015年移动支付用户问卷调查报告，中国支付清算协会官方公众号，2016年1月14日，https://mp.weixin.qq.com/s/_E0LYagrIdez20842fDs3A。
② 中国支付清算协会．中国支付产业年报2022［M］．北京：中国金融出版社，2022.
③ 2015年移动支付用户问卷调查报告，中国支付清算协会官方公众号，2016年1月14日，https://mp.weixin.qq.com/s/_E0LYagrIdez20842fDs3A。
④ 关于2021年移动支付用户问卷调查的报告，中国支付清算协会官方公众号，2022年4月18日，https://mp.weixin.qq.com/s/UHOBjRcjue7602xyGyQ29A。
⑤ 我国迎来向"制造强国""网络强国"历史性跨越，工业和信息化部网站，2022年6月15日，https://www.miit.gov.cn/xwdt/szyw/art/2022/art_bd88ab42da6443a7a156ee0e92847ed6.html。
⑥ PayPal Merchant Fees, Updated on June 17 2022, https://www.paypal.com/us/webapps/mpp/merchant-fees。

条码支付费率平均水平不超过0.6%,还有各类减免类商户,显著减轻了商户的手续费负担。对于中小微企业而言,移动支付工具在降低数字经济接入成本的同时,还为它们提供了经营数字化转型的机会。

从业务实践来看,考虑到疫情影响及国内外多重因素带给小微企业和个体工商户的生产经营压力,财付通"全国小店烟火计划2.0"于2021年在微信支付平台升级发布,通过进一步追加资金及资源投入,从福利补贴、营销能力、经营保障、线上线下一体化等方面持续普惠小微企业和个体工商户,助力线上线下经营实现增收。疫情期间,有大量小微商户借助基于微信支付能力的数字化解决方案,低成本地实现了自身的数字化改造,快速启动线下线上协同经营,为进一步参与正规数字经济体系奠定了基础。同时,财付通积极响应对小微企业、个体工商户、有经营行为的个人的降费让利政策要求,自2021年9月1日至2024年9月30日,对符合标准的小微商户、个体工商户、有经营行为的个人实行支付手续费优惠,在微信支付平台上所有支付方式和场景的支付手续费在官网公示标准基础上打九折;对于有经营行为的个人支付账户零钱提现手续费进行减免,个人收款码用户可参加降费让利活动,支持零钱提现手续费减免。截至2022年7月末,各项降费让利措施累计惠及上千万小微商家,让利金额已经超过30亿元。同时,还将继续通过免费提供二维码收款安全保障、经营物料优惠等举措,综合降低小微商户的经营成本,多项举措预计投入超百亿元。

(四)升级"硬科技"应用,提升支付效率和安全性

移动支付的兴起与发展得益于移动互联网技术的先行,在网络支付时代,各类型非面对面、数字化的新型支付方式代替了原面对面、实物凭证特征的传统支付方式,在技术、价格、竞争、信用等方面也面临交易双方时空隔离或信息不对称等多种风险的考验。考虑到移动支付业务潜在的安全风险,在做好传统网络支付业务商户准入、客户实名制、可疑交易监测、网络安全、用户信息保护等基础安全措施的同时,移动支付服务商需充分利用金融科技领域各类先进技术,加大海量移动支付业务的事前预防、事中监控、事后保全型的全流程安全保障机制建设,也需重点做好对网络诈骗、信息窃取、各类涉嫌洗钱违法犯罪交易的打击力度,通过大数据分析等先进技术措施切实保障移动支付业务的整体安全、风险可控。

从市场经验来看,我国支付产业经历了"应用需求"驱动"科技创新"的

发展过程。随着前端支付服务全面步入互联网、移动互联网时代,大数据、云计算、人工智能、物联网等"硬科技"在支付产业上下游广泛应用。十年间,移动支付应用创新产生的小额、高频支付需求,显著提升了支付基础设施建设水平。比如,为支撑"春节红包""双十一"等时期的大流量、高并发支付需求,网联平台最高交易并发量超9.35万笔/秒[①],遥遥领先国际其他跨行支付清算系统性能。而得益于基础设施性能的提升,应用创新的底层条件也在不断改善,又进一步促进了全链条中交易效率的提高、交易成本的优化,形成了较为明显的"应用场景"与"硬核科技"之间的良性循环。同时,前沿科技的应用也在持续提升支付服务的安全性。比如,在打击电信网络诈骗与跨境网络赌博活动治理工作方面,财付通在监管部门指导下,通过建立健全反诈反赌组织机制、持续强化打击网络赌博风控策略、加强与主管机构联动处置、协助开展刑事打击及对用户进行反赌反诈宣传教育等多方面措施,已经开展的综合立体化防控治理工作对反诈反赌精准化打击已取得显著成果。

(五)探索"新公益"模式,践行可持续社会价值创新

近年来,财付通在努力推动移动支付业务发展的同时,也始终不忘回馈社会各方的支持,积极践行可持续社会价值创新,支持各类社会公益活动。在传统公益模式中,大部分捐赠来自企业,公众的力量没有得到充分的挖掘与释放,这与公益体系相对完善的国家和地区相比存在较大差距。移动互联网和智能手机的普及,降低了用户接触各类公益项目的门槛,同时,移动支付体系的成熟与完善,让个人用户的小额捐款成为可能,带动了数字化公益活动的激增。在2019年为期三天的"99公益日"活动期间,有超过4800万爱心网友通过腾讯公益平台筹集了17.83亿元,人均捐赠金额37.14元,聚沙成塔效应让公益走向全民时代,也促进了公益理念的传播与普及。

基于移动支付能力,财付通结合各地惠民举措实际特点,持续提升公益数字化水平。在广州市慈善会与腾讯等联合推出的"穗岁康爱心保公益计划"中,广州市户籍的困难群体进入指定的微信小程序通过微信支付身份核验,即可领取"穗岁康爱心券",凭券享受0.01元投保市场价180元"穗岁康"保险的福利,保障最高可达245万元,并由腾讯微保提供全链条投保支持,大幅优化烦琐的流

---

① 郑仕辉. 建设支付清算行业数字高速公路[J]. 中国金融, 2022 (8): 41–42.

程和手续，实现在线执行、一步到位。在"微信支付爱心餐公益计划"中，餐饮行业商户和服务商接入扫码点餐一块捐插件，广大用户即可在点餐过程中随手捐出1元钱，参与面向深圳环卫工人的"爱心餐"活动，捐款直接进入公益基金会账户。用户捐赠的爱心餐被环卫工人领用时，微信支付用户可实时收到领用信息反馈，通过数字化能力提升公益活动的透明度。

此外，在新冠肺炎疫情背景下，财付通不断加强政企合作，助力政府免费发放各类抗疫资金、通过数字人民币红包运营方式帮助各地经济复工复产，持续通过自身移动支付数字化能力支持中小微企业等发展繁荣，努力为各地经济复苏、扩大消费、复产复工提供移动支付的金融科技支持。自2020年新冠肺炎疫情暴发以来，通过微信支付平台，财付通已先后助力广州、佛山、嘉兴、中山等地发放购车补助、家电消费补贴；在惠州、珠海等地发放春节留守本地生活费补贴等各类抗疫资金；在深圳、杭州等地发放复工复产或刺激经济相关的数字人民币红包，涉及各类移动支付应用场景，金额达数十亿元。

展望未来，支付产业奋楫笃行启新篇。站在高质量发展的新起点上，财付通将继续坚守"支付为民"初心，发挥支付服务的叠加倍增效应，进一步助力活跃消费、保障民生、纾困小微、防范风险，为经济社会注入更多可持续价值和活力。

金融穩定

从支付系统数据看交易网络特征演化和金融机构关联性

文/盖 静 王一琛 侯圣博 张昊然 朱新彤*

摘要：本文基于大额支付系统中的资金往来数据和图论方法建立网络模型，并运用 Fruchterman – Reingold 力导向算法①对网络进行可视化，通过分析得出：一是城市商业银行、中央国债登记结算有限责任公司和上海清算所之间存在强链接边，且城市商业银行的合并节点近年来中心性有所提升。从基于邻接矩阵的网络结构看，中心性强的机构仍为国有大行。二是资产规模大的银行并不意味着更高的中心性，如邮储银行资产规模高，但与其他银行的关联性相对较低，中信银行资产规模相对偏小，但中心性较高。三是支付机构作为新节点加入系统后，形成了一个特殊的局部网络结构，具有一定的重要性，但是对核心聚落影响不明显，由于支付机构在系统中主要与银联和网联发生联系，断直连后银联和网联在网络中的节点中心性有所提升。对交易网络特征演化和节点中心性的分析，为我国支付交易网络中重要性金融机构识别和机构间关联度等问题提供新视角。

关键词：支付系统 交易网络 关联性

随着金融创新发展，金融机构间资金交互链路日益复杂，现代金融系统已变成相互关联的复杂网络。从网络视角分析金融机构间风险联动与传染性是金融风险研究领域的热点之一。从宏观审慎管理角度看，金融机构"太关联而不能倒"

---

* 作者单位：中国人民银行营业管理部。

① 一种力导向算法，将节点看作物理空间中的粒子，粒子间具有斥力和引力，我们假设相互资金往来量越大的机构间引力越强，受到力的作用后，过近的点会被弹开，而过远的点会被拉近，通过不断的迭代寻找能量最小的状态（实际上往往得到的是极小值），使整个布局达到平衡。见 Fruchterman, Thomas M. J. ; Reingold, Edward M. (1991), "Graph Drawing by Force – Directed Placement", Software – Practice & Experience, Wiley, 21 (11): 1129 – 1164。

(Too Connected to Fail)的风险与"太大而不能倒"(Too Big to Fail)的风险同等重要[1]。从金融网络视角识别金融机构间的联动性与风险传染,对防范金融危机,建立有效金融监管、资产定价与风险管理体系等,均有很强的理论意义和现实意义[2]。本文尝试依托支付系统数据,以支付系统内个体间相互资金往来矩阵构成的支付交易网络为对象,立足网络结构的特征性分析,探索整个交易网络的演化和参与主体的中心性。

一、文献综述

研究认为,金融杠杆率过高是造成金融风险的重要因素[3]。金融风险传导渠道既可能是特定金融机构违约风险暴露而导致交易对手直接损失或金融市场资产价格剧烈波动而使其他金融机构受损,也可能是通过市场预期渠道或非理性心理恐慌渠道快速传染至整个金融体系。基于资产负债表关联的风险敞口,由期限错配导致的流动性冲击,以及共同风险暴露和非理性恐慌引发的信息传染,成为金融风险传染的主要方式。

近年来,随着金融与计算科学等跨学科研究的发展,学者对金融机构网络模型的研究更为深入。主要体现为三个方向:一是风险的传染方式和传播渠道,以及基于真实数据对金融系统进行稳健性分析;二是金融系统的复杂网络特征;三是金融网络的形成机制。如马君潞等利用2003年我国银行资产负债表数据,估算了我国银行系统双边传染风险,指出中国银行的稳定与否是银行间风险传染及引发整个银行体系崩溃的关键[4]。李守伟等引入传染病模型,并基于2008年银行年报数据,构建有向网络来研究我国同业拆借市场的稳定性,并指出银行网络对随机性冲击具有较高的稳定性,而对选择性冲击稳定性较低[5]。方意和郑子文基

---

[1] Chan-Lau, J. A.. Balance Sheet Network Analysis of Too-connected-to-fail Risk in Global and Domestic Banking Systems [R]. IMF Working Paper, 2010, No. 107.
[2] Ballester, L., B. Casu, and A. González-Urteaga. Bank Fragility and Contagion: Evidence from the Bank CDS Market [J]. Journal of Empirical Finance, 2016 (38): 394-416.
[3] 崔宇清. 金融高杠杆业务模式、潜在风险与去杠杆路径研究 [J]. 金融监管研究, 2017 (7): 52-65.
[4] 马君潞, 范小云, 曹元涛. 中国银行间市场双边传染的风险估测及其系统性特征分析 [J]. 经济研究, 2007 (1): 68-78.
[5] 李守伟, 何建敏, 庄亚明, 等. 银行同业拆借市场的网络模型构建及稳定性 [J]. 系统工程, 2010 (5): 20-24.

于持有共同资产的网络模型对系统风险在银行间的传染路径进行了分析,认为风险一般都产生于遭受外生冲击较大且具有高度敏感性的系统重要性银行,并向与这些银行持有类似资产结构的银行传染①。《中国金融稳定报告》选取了我国31家大中型银行2015年末的同业资产负债数据,通过模型构建,测算同业双边风险敞口,并动态模拟了银行间传染性风险的传导路径和影响②。

除以上研究,还有一类文献将重点放在对网络结构自身的研究上。不同网络结构对应不同的体系稳定性。尤其在金融危机事件发生后,大量研究对网络结构与金融稳定性的关系进行了分析。如讨论网络结构与风险传染性:Puhr等发现,Katz中心性是衡量系统性风险的有用指标。其分析了奥地利银行系统的数据,并用中心性方法模拟银行的违约行为③。又如讨论中心性银行的特征:Bargigli等利用意大利银行监管报告数据,按照双边风险暴露的期限以及有无担保的性质,建立了银行间多层网络模型。研究发现,整个银行间市场的拓扑结构与隔夜市场密切相关,层级随着时间的推移具有不同的拓扑性质④。

2008年雷曼兄弟破产事件引发整个金融体系危机表明,单个金融机构不再是孤立存在的,而是金融网络体系的一部分。单个金融机构行为会对体系内其他机构产生重要影响。网络连接既可以通过风险共担来促进金融稳定,也可能成为金融风险扩散的渠道。总体来看,以金融网络结构为范式对宏观审慎管理展开的研究仍处于初级阶段,在理论和实证研究上都需进一步深入。

在实证研究方面,考虑到数据可得性,目前的大多数研究关注点在大型商业银行,特别是上市银行间的风险联动,未包含大量的中小型参与主体、清算组织和非银行支付机构。此外,现有的网络构建大多基于模拟数据而非真实数据,机构间关联性往往通过因果关系检验,而非真实的银行间资金关系获得,构建的网络关系与真实的市场情况相比会存在误差。本文尝试依托支付系统数据,以支付系统内个体间相互资金往来矩阵构成的网络为对象,立足金融网络结构的特征性分析,探索整个金融交易体系的系统性风险状况,为宏观审慎管理提供参考。

---

① 方意,郑子文. 系统性风险在银行间的传染路径研究——基于持有共同资产网络模型 [J]. 国际金融研究, 2016 (6): 61 – 72.
② 中国人民银行. 中国金融稳定报告 [M]. 北京:中国金融出版社, 2016.
③ Puhr, C., R. Seliger, and M. Sigmund. Contagiousness and Vulnerability in the Austrian Interbank Market [R]. Oesterreichische National Bank Financial Stability Report, 2012, No. 24.
④ Bargigli, L., G. D. Iasio, L. Infante, F. Lillo, and F. P. Ierobon. The Multiplex Structure of Interbank Networks [J]. Quantitative Finance, 2014 (15): 673 – 691.

二、支付交易网络模型构建

本文定义图 $G(V,E)$ 中的节点 $(v_1,v_2,\cdots,v_n)$ 为支付系统参与主体，包括清算机构、政策性银行、商业银行、支付机构等。节点之间存在交易则在网络中构建一条边，形成边集合（E），边的方向为资金流向，建立有向图模型。

（一）邻接矩阵和资金往来矩阵

邻接矩阵 A 的每个元素代表图中各节点之间是否有边相连。在图 $G(V,E)$ 中，若从 v_i 到 v_j 存在资金流，则 $A_{i,j}=1$，反之 $A_{i,j}=0$，即

$$A = \begin{bmatrix} 1 & \cdots & 1 & \cdots & 1 \\ \vdots & & \vdots & & \vdots \\ 0 & \cdots & 1 & \cdots & 0 \\ \vdots & & \vdots & & \vdots \\ 0 & \cdots & 0 & \cdots & 0 \end{bmatrix}$$

邻接矩阵表示了网络节点之间的链接关系和资金方向，体现了网络的基本拓扑结构。同时，假设在某时刻 t，支付体系中 n 个参与主体之间的资金往来矩阵 M 为

$$M = \begin{bmatrix} m_{1,1} & \cdots & m_{1,j} & \cdots & m_{1,n} \\ \vdots & & \vdots & & \vdots \\ m_{i,1} & \cdots & m_{i,j} & \cdots & m_{i,n} \\ \vdots & & \vdots & & \vdots \\ m_{n,1} & \cdots & m_{n,j} & \cdots & m_{n,n} \end{bmatrix}$$

其中，$m_{i,j}$ 为节点 v_i 流向 v_j 的资金流，易知 $S_{i,out}=\sum_{j=1}^{n}m_{i,j}$ 为 t 期间流出节点 v_i 的资金总和，$S_{i,in}=\sum_{j=1}^{n}m_{j,i}$ 为 t 期间流入节点 v_i 的资金总和，将资金流量 $m_{i,j}$ 进行标准化去量纲处理，得到时刻 t 的支付网络权重矩阵，权重矩阵赋予了每一条边一个数值，代表资金流量的大小，在邻接矩阵的基础上初步得到支付交易资金网络模型。

（二）中心性分析

中心性（Centrality）是判断网络中节点重要性和影响力的指标，有助于理解节点在网络中扮演的角色。本文尝试使用不同的中心性算法来判断金融机构在支付交易网络中的重要性。

度中心性（Degree centrality）是最简单的中心性度量，节点的度 $\deg(v)$ 定义为节点 v 上的边数量。有向图中存在入度和出度，入度是指向该节点的边数，出度是该节点指向其他节点的边数。这一指标可以解释为网络中与某机构建立联系的机构数量，入度中心性越高，说明向该机构支付资金的机构越多，出度中心性越高，说明该机构向更多机构支付资金，节点 v 的度中心性为

$$DC_v = \frac{\deg(v)}{n-1}$$

介数中心性（Betweenness centrality）[1] 量化了一个节点在两个其他节点之间的最短传播路径上充当桥梁的次数，它代表了某个节点与其他节点之间的互动程度。例如，在通信网络中，一个有更高介数中心性的节点在网络中有更强的控制能力，在信息传播过程中有更多的信息通过该节点。节点 v 的介数中心性为

$$BC_v = \sum_{s,t \in V} \frac{\sigma(s,t/v)}{\sigma(s,t)}$$

其中，s，t 分别为传播路径的起点和终点，$\sigma(s,t)$ 表示从起点到终点的最短路径数量，$\sigma(s,t/v)$ 表示起点到终点的最短路径中通过节点 v 的数量。同理，也可以计算边的介数中心性。

谷歌的 PageRank 和 Katz 中心性是特征向量中心性（Eigenvector centrality）[2] 的变体。这一类中心性算法的基本思想是相邻节点分数更高的节点会比相邻节点分数更低的节点分数高，依据此原则给所有节点分配对应的分数。中心性越高的节点意味着该节点与许多同样得分较高的节点相连接。对于节点 v_i，假设其 katz 中心性为 k_i，令网络中节点的初始中心性为 $k^0 = (k_0, k_0, \cdots, k_0)$，则 v_i 的 Katz 中心性 k_i^1 可以由与 v_i 相连节点的 Katz 中心性求得，t 轮迭代后 v_i 的中心性为

$$k_i^t = \alpha \sum_j A_{i,j} k_j^{t-1} + \beta$$

其中，α，β 为常数，得到第 t 轮迭代后的中心性向量 $k^t = (k_1^t, k_2^t, \cdots, k_n^t)$，当 k_i^t 与 k_i^{t-1} 的差值足够小，停止迭代。Leo Katz（1953）[3] 证明了当 α 小于邻接矩阵最大特征值的倒数时，该函数能够收敛，即

---

[1] Ulrik Brandes. A Faster Algorithm for Betweenness Centrality [J]. Journal of Mathematical Sociology, 2001, 25 (2): 163–177.

[2] M. E. J. Newman. The mathematics of networks [OL]. http://www.personal.umich.edu/~mejn/papers/palgrave.pdf. Center for the Study of Complex Systems, University of Michigan, 2006: 4–6.

[3] Leo Katz. A New Status Index Derived from Sociometric Index [J]. Psychometrika, 1953, 18 (1): 39–43.

$$\alpha < \frac{1}{\lambda_{\max}}$$

PageRank 算法应用于谷歌网页排序，在特征向量中心性和 Katz 中心性的基础上，增加了一个缩放因子 $L(j) = \sum_i a_{ji}$，一个节点的 PageRank 指数为

$$PR_i = \alpha \sum_j A_{j,i} \frac{PR_j}{L(j)} + \frac{1-\alpha}{N}$$

"重要性"一词具有多种含义，取决于如何定义一个节点是重要的，这也导致中心性产生了许多不同计算方法。同时，构建中心性指标的过程中，既可以使用邻接矩阵来分析结构性重要的节点，也可以基于权重矩阵探讨考虑资金流量的节点重要性。

三、基于大额支付系统数据的实证分析

（一）支付交易网络的动态演化

本文数据源于人民银行的大额支付系统，包含了目前大额支付系统中的主要参与主体 2017 年至 2020 年的年度资金流向数据（见表1）。参与主体包括中国人民银行、各清算机构、政策性银行、国有商业银行、股份制商业银行、城市商业银行、农村商业银行、外资银行、外汇交易中心、支付机构等[①]。

表1　　　　　　　　　　实证数据特征统计　　　　　　　　单位：万亿元

年度	2017	2018	2019	2020
参与主体数量（个）	105	110	110	113
国有商业银行	6	6	6	6
全国性股份制商业银行	12	12	12	12
外资银行	63	65	65	65
最大流量	91.26	89.81	117.86	130.61
均值	0.34	0.36	0.41	0.44
交易网络边数量（个）	7012	7507	7594	7606
交易网络传递性	0.77	0.77	0.77	0.76
交易网络平均聚集性	0.85	0.85	0.85	0.85

从参与主体数量[②]看，2017 年至 2020 年，网络中的参与主体数量从 105 个增长至 113 个。共有 2 个节点退出网络，同时有 10 个新的机构节点加入交

---

① 目前参与主体数据中，城市商业银行、农村商业银行和支付机构存在共用行号的情况，在支付结算网络中分别显示为一个合并的节点。

② 支付系统直接参与主体数量等于网络涵盖的节点数量。

易网络[①]。特别是2018年机构数量增长较多,支付机构作为一个独立参与主体加入了网络。从交易量看,2017年至2020年,支付结算系统中的总资金流呈现持续上升趋势。同时,国有商业银行与全国性股份制商业银行的交易体量表现出较大的差距,如工商银行2017年大额支付系统交易量为渤海银行的20.93倍,2020年差距扩大至29.48倍,不同规模银行之间的差距保持高位。从支付交易网络结构性指标看,我国的金融网络结构整体发展比较平稳,网络节点链接数量增长了8.47%。依据资金流向数据计算的整体金融网络特征指数保持稳定,波动较小,网络传递性基本保持在0.77万亿元左右,而平均聚集性指数[②]约为0.85。

(二) 支付交易网络结构分析

本文基于Fruchterman – Reingold力导向算法对支付交易网络进行了可视化(见图1)。中心聚落的集中度很高,节点之间关联性很强,而部分节点间存在局

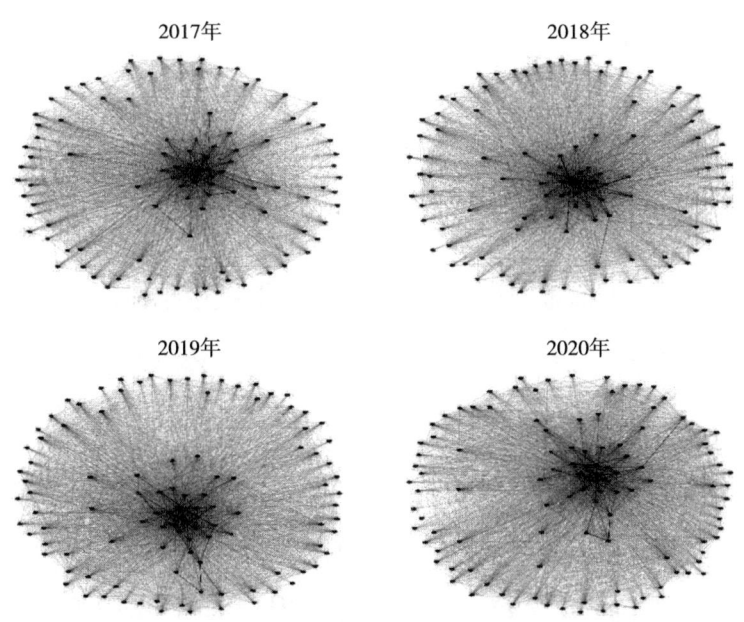

图1 2017—2020年大额支付系统年度数据金融网络可视化

---

① 新加入的节点包括320村镇银行、326直销银行、529玉山商业银行、551印度国家银行、600其他外资银行、767俄罗斯外贸银行公开股份有限公司、906代收付清算组织、912农信银清算中心、913上海黄金交易所和991其他机构。

② 整体聚集系数可以给出一个图中整体的集聚程度的评估,描述一个图中的顶点之间结集成团的程度,是顶点聚集系数的算术平均数。另一种表示方式是传递性,即计算图中闭合三角形的个数除以非闭合三角形的个数。

部的特殊拓扑关系,即少数机构同其他机构有很多连接,大多数机构间存在边,但是权重很低。可以用核心—外围结构来描述这一特征,即一小部分机构彼此高度互联,处于网络的核心,其他连接机构处于网络的外围。下面以2020年的支付交易网络(见图2)为例,对网络结构和节点特征进行分析。

1. 网络聚落结构。2020年支付交易网络的核心聚落包含工行、农行、中行、建行、交行五大国有商业银行、中央国债登记结算中心(以下简称中债登)、上海清算所和由100余家主体组成的城市商业银行节点。城市商业银行与上海清算所、中债登之间形成了强链接边,有着大量的资金往来。数据显示,2020年全年,城市商业银行节点资金流出合计654.75万亿元①,占网络资金流出总量的11.59%,其中向中债登流出资金约96.02万亿元,向上海清算所流出资金70.20万亿元。同时,中债登向城市商业银行节点流出资金约97.73万亿元,上海清算所向城市商业银行节点流出资金67.24万亿元。城市商业银行节点内部资金转移共130.61万亿元。核心聚落外围,兴业银行、招商银行、浦发银行等10家股份制银行与国家开发银行、邮储银行、人民币跨境支付系统、农村商业银行板块及农村信用合作社板块形成了较为明显的二级中心圈层。除徽商银行、渤海银行和恒丰银行外的绝大多数全国性股份制商业银行均位于这一区域。二级圈层之外,其他支付系统参与主体节点在图中分布得较为分散,民营银行整体作为一个独立节点的表现和位置与浙商银行相近。外资银行和其他中小银行、香港人民币清算行、电子商业汇票处理中心形成了最外围圈层,与其在整个金融系统中表现出的业务水平及系统重要性程度基本一致。

2. 局部节点结构。进出口银行和农业发展银行两家政策性银行虽然表现的中心性稍强于其他中小银行,但由于主营业务较为单一且专业,因此在网络中均未明显表现出与他行的强关联程度。国家开发银行是与核心聚落关联性最强的开发性金融机构。中国银联(905)、网联清算(911)、微信和支付宝等200余家支付机构组成的支付机构节点(991)与中信银行(302)在网络的核心聚落边缘形成了一个局部拓扑结构,相互间表现出较强的关联度。这一现象与支付机构客户备付金全额集中存管和断直连工作存在直接的因果关系。从资金流量数据来看,2020年支付机构节点(991)合计流出资金110.17万亿元,其中流入中国银联71.51万亿元,网联清算38.57万亿元。网联清算向中信银行流出资金

---

① 同期中国工商银行节点共流出资金411.39万亿元。

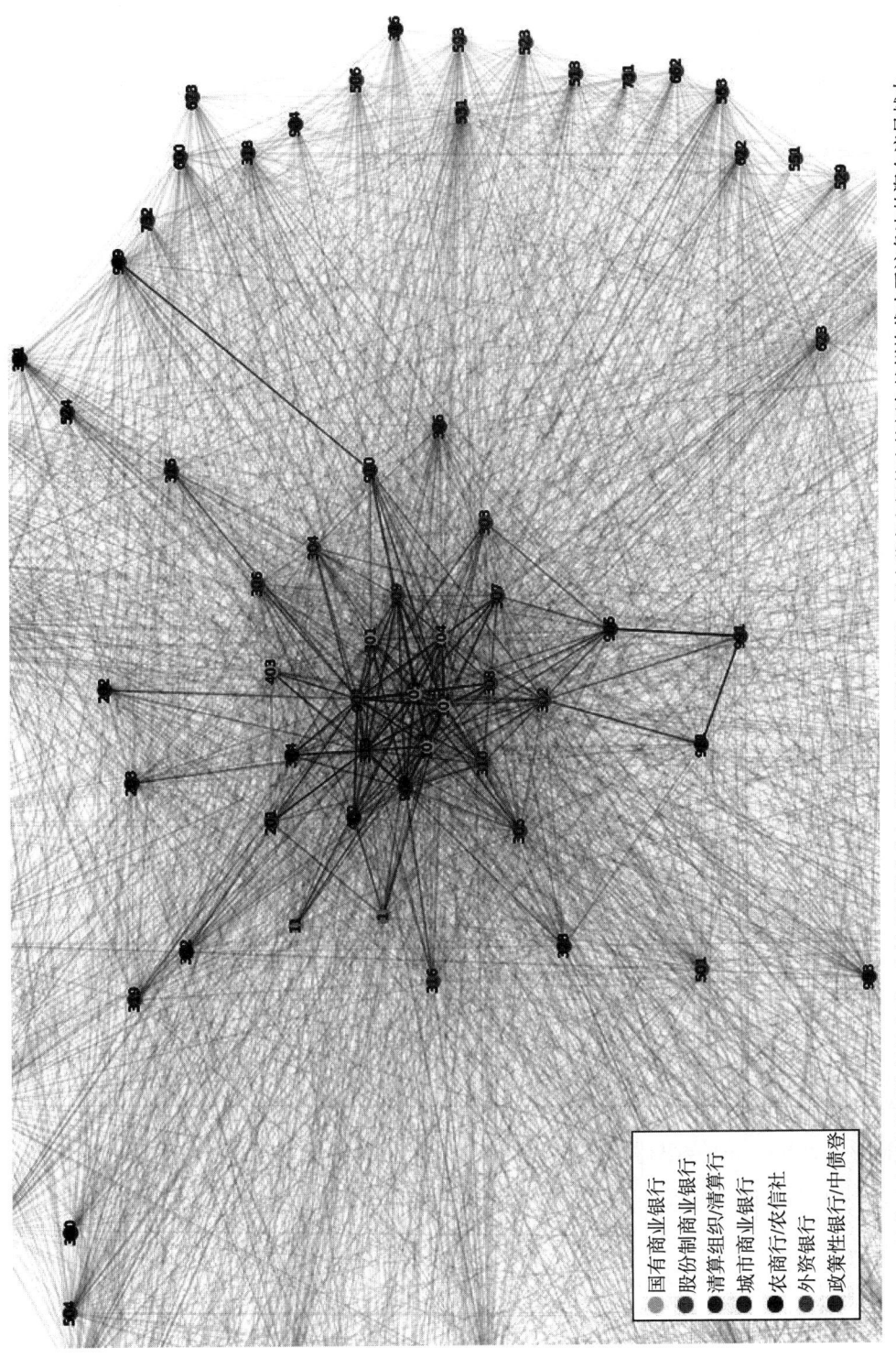

图2 2020年基于资金流量数据的支付网络可视化（局部）

注：机构使用大额支付系统行号表示，支付系统部分参与者行号对照表详见附录。图中节点之间的边的颜色越鲜艳代表了该条边的资金流量越大。

27.96万亿元，中信银行向支付机构节点（991）流出资金29.20万亿元。中信银行在这个局部结构中的角色可能与"余额宝"业务有关。总体而言，目前支付机构节点与网络的核心聚落尚有很远的距离，表明支付机构在整个金融市场中所表现的系统性重要程度较核心聚落机构仍存在较大差距。

（三）重要节点的识别和度量

系统重要性机构在金融体系中居于重要地位，其经营和风险状况直接关系到我国金融体系整体稳健性。强化系统重要性机构的识别与度量，对建立金融风险监管和处置机制，防范系统性风险，有效维护金融体系稳健运行具有重要意义。支付交易网络中心性节点分析可以为系统重要性机构识别提供一个新的视角。

1. 城商行和中债登资金流量大，国有大行中心性较高。分别从度中心性、介数中心性等指标观测各个节点的系统重要性程度（见表2）。在以邻接矩阵计算的度中心性、介数中心性指标中，工商银行（102）均为最重要的中心节点，其次为中国银行（104）、建设银行（105）、城市商业银行（313）、农业银行（103）等。股份制商业银行中，中信银行（302）排名最为靠前，其次为招商银行（302），交通银行（301）的排名在两家股份制商业银行之后。说明从网络结构来看，国有商业银行的中心性水平较高。在考虑2020年度资金流量的情况下，以权重矩阵计算的中心性指标则显示，城市商业银行成为中心性最强的节点，同时中债登的中心性也大幅度提升，这应当与两者间存在的强链接边有关。

2. 各类机构重要性水平发生变化。纵向对比2017年与2020年的节点中心性排名，城市商业银行（313）在入度中心性和介数中心性指标下的排名都有所提升。交通银行（301）在以网络拓扑结构为基础计算的中心性指标下排名均有小幅下降，在以资金流量计算的中心性指标中的排名有所提升；银联（905）和网联（911）的中心性弱于核心聚落节点，但是增幅较大。银联节点在介数中心性和PageRank方法[①]下，于2020年首次进入前15名。全国性股份制商业银行中，招商银行（308）、中信银行（302）和浦发银行（310）中心性较强，华夏银行、广发银行相对较弱。此外，虽然大部分中心性节点的排名变化不大，但排名靠前的商业银行的中心性指标绝对值较数年前有所降低，说明随着网络节点数量的增加，从网络拓扑结构来看，部分核心聚落节点的重要性有小幅度下降。

---

① 其中参数 $\alpha = 0.85$；katz 中心性计算中取 $\alpha = 0.009$，$\beta = 1$。

表 2　　　　　　　　　　　金融网络节点中心性分析

排名	入度中心性			出度中心性		
	2017 年	2020 年	变化	2017 年	2020 年	变化
1	102 工商银行	102 工商银行	—	102 工商银行	102 工商银行	—
2	103 农业银行	104 中国银行	↓1	103 农业银行	104 中国银行	↑1
3	104 中国银行	105 建设银行	↑1	104 中国银行	103 农业银行	↓1
4	105 建设银行	313 城商行	↑5	105 建设银行	105 建设银行	—
5	301 交通银行	103 农业银行	↓3	301 交通银行	302 中信银行	↑2
6	302 中信银行	302 中信银行	—	313 城商行	308 招商银行	↑2
7	303 光大银行	301 交通银行	↓2	302 中信银行	313 城商行	↓1
8	310 浦发银行	305 民生银行	↑2	308 招商银行	301 交通银行	↓3
9	313 城商行	307 平安银行	↑4	309 兴业银行	310 浦发银行	↑1
10	305 民生银行	308 招商银行	↑1	310 浦发银行	305 民生银行	↑1
11	308 招商银行	310 浦发银行	↓3	305 民生银行	309 兴业银行	↓2
12	309 兴业银行	303 光大银行	↓5	501 汇丰银行	306 广发银行	↑6
13	307 平安银行	309 兴业银行	↓1	307 平安银行	307 平安银行	—
14	325 上海银行	306 广发银行	↑2	325 上海银行	402 农信社	↑2
15	501 汇丰银行	402 农信社	−3	303 光大银行	501 汇丰银行	↓3
排名	介数中心性（邻接矩阵）			介数中心性（权重矩阵）		
	2017 年	2020 年	变化	2017 年	2020 年	变化
1	102 工商银行	102 工商银行	—	313 城商行	313 城商行	—
2	103 农业银行	104 中国银行	↑1	102 工商银行	104 中国银行	↑1
3	104 中国银行	313 城商行	↑4	104 中国银行	102 工商银行	↓1
4	105 建设银行	305 民生银行	↑7	901 中债登	901 中债登	—
5	301 交通银行	103 农业银行	↓3	201 国开行	910CIPS	↑4
6	302 中信银行	105 建设银行	↓2	909 上清所	105 建设银行	↑1
7	313 城商行	302 中信银行	↓1	105 建设银行	301 交通银行	↑8
8	308 招商银行	301 交通银行	↓3	103 农业银行	302 中信银行	↑4
9	310 浦发银行	308 招商银行	↓1	910CIPS	308 招商银行	↑4
10	309 兴业银行	310 浦发银行	↓1	305 民生银行	310 浦发银行	↑6
11	305 民生银行	402 农信社	↑5	402 农信社	103 农业银行	↓3
12	303 光大银行	314 农商行	↑5	302 中信银行	909 上清所	↓6
13	402 农信社	307 平安银行	↑1	308 招商银行	905 银联	↑86
14	307 平安银行	303 光大银行	↓2	01 营业处	306 广发银行	↑8
15	325 上海银行	309 兴业银行	↓5	301 交通银行	991 支付机构	新节点

续表

排名	Katz 中心性			PageRank		
	2017 年	2020 年	变化	2017 年	2020 年	变化
1	313 城商行	313 城商行	—	313 城商行	313 城商行	—
2	901 中债登	901 中债登	—	901 中债登	901 中债登	—
3	102 工商银行	102 工商银行	—	102 工商银行	102 工商银行	—
4	909 上清所	909 上清所	—	105 建设银行	105 建设银行	—
5	105 建设银行	105 建设银行	—	104 中国银行	909 上清所	↑1
6	103 农业银行	103 农业银行	—	909 上清所	103 农业银行	↑1
7	402 农信社	104 中国银行	↑2	103 农业银行	104 中国银行	↓2
8	201 国开行	308 招商银行	↑2	402 农信社	301 交通银行	↑4
9	104 中国银行	309 兴业银行	↑3	308 招商银行	308 招商银行	—
10	308 招商银行	301 交通银行	↑3	309 兴业银行	310 浦发银行	↑1
11	314 农商行	314 农商行	—	310 浦发银行	302 中信银行	↑2
12	309 兴业银行	402 农信社	↓5	301 交通银行	309 兴业银行	↓2
13	301 交通银行	310 浦发银行	↑2	302 中信银行	402 农信社	↓5
14	302 中信银行	302 中信银行	—	201 国开行	905 银联	↑9
15	310 浦发银行	201 国开行	↓7	305 民生银行	910CIPS	↑9

3. 节点中心性指标排序与银行资产规模并非完全一致。根据实证结果，度中心性指标排名前 11 位的依次为工商银行、中国银行、建设银行、城商行、农业银行、中信银行、交通银行、民生银行、平安银行、招商银行、浦发银行，与银行的资产体量排序①并非完全一致，如从资产规模来看，城商行整体资产规模高于工商银行，但是在以邻接矩阵计算的中心性指标下排名却较为靠后。邮储银行资产规模排名第六，但是中心性指标在 15 名之外，中信银行的资产规模小于招商银行、浦发银行和兴业银行，但是在部分中心性指标排名中，中信银行的中心性大于兴业银行和浦发银行。因此，金融机构监管除了要关注银行的资产规模，还应关注银行在金融网络中的位置和机构之间的系统关联性。

---

① 将城商行作为一个整体，按资产规模排序，前 11 位分别为城商行、工商银行、建设银行、农业银行、中国银行、邮储银行、交通银行、招商银行、上海浦东发展银行、兴业银行、中信银行。数据来源：2020 年各商业银行年报。

四、结论

总体上,我国支付交易网络表现出较强的聚集性,呈现出核心聚落与局部特殊网络结构相结合的特征。对支付交易网络模型特征演化和节点中心性的分析结果表明:

第一,在支付交易网络中,城商行、中债登和上海清算所之间存在强链接边,且城市商业银行作为一个单独的节点在近年来中心性有所提升。从基于邻接矩阵的网络结构看,中心性强的机构仍为国有商业银行、股份制商业银行,特别是在工商银行、中国银行、建设银行,股份制商业银行中,招商银行、中信银行更为重要。

第二,宏观审慎监管除了要关注大而不能倒之外,还应当关注关联度高而不能倒,二者之间存在较强相关性即资产规模大的银行通常在网络中扮演更重要的角色,但是并不完全等价,如邮储银行资产规模高,但是表现出的网络中心性相对较低,中信银行资产规模相对偏小,但表现出的中心性往往较兴业银行和浦发银行更高。

第三,支付机构作为独立节点加入系统之后,与银联、网联和中信银行在核心聚落边缘形成了一个特殊的拓扑结构,对原有商业银行的系统重要性影响不大,主要原因是支付机构在大额支付系统中主要与银联和网联发生联系。受支付机构交易量的影响,断直连后银联和网联在网络中的中心性有所提升。

金融监管

大数据征信监管体系的动因、框架和路径规制研究[①]

文/倪　楠　丁　元[*]

摘要： 大数据征信使用智能技术采集信用信息，对主体进行深度信用画像，极大地拓宽和提高了信用信息的收集范围与精确度。大数据技术赋能下的征信模式突破了传统征信监管体系，而在大数据时代，围绕信用构建征信监管体系关键是要明晰主体间的征信监管法律关系，形成以数据驱动的信用监管模式。通过搭建舆情监测和数据分析系统，弥补大数据征信监管空白；构建信用指数更新和修复机制，实现事前预防和事中保护；增加信用立法供给，实现大数据征信监管法治化。

关键词： 大数据征信　信用监管　数据驱动　路径保护

一、重构我国大数据征信监管体系的动因分析

征信业务快速发展的基础，是市场经济已发展到信用经济阶段，征信成为信用交易的核心。经过30余年的发展，我国形成了以人民银行为中心、金融机构数据为基础、线下收集为主渠道和民营征信机构为补充的个人征信体系。但随着云计算、算法模型、决策树、神经网络等大数据技术的应用，征信业务由原先的传统线下或线上线下相结合的信息收集、评价、运用模式转变为纯线上征信形态，传统的依靠线下人工收集掌握信息主体的信用信息征信模式扩展为依靠智能

[①] 基金项目：国家社科重大基金项目（20&ZD177）；陕西省社会科学基金项目（2019F017）。
[*] 作者单位：西北政法大学经济法学院。

技术应用下采集信息主体海量数据以及在算法支撑下精确信用数据的大数据征信模式。在大数据的推动下，传统的依靠人民银行下设的人民银行征信中心负责运行，征信监管机关行使监督管理职能的征信监管制度难以涵盖大数据征信市场发展的新形势和新特点，这使得传统征信监管制度与大数据征信市场快速发展产生剧烈对抗，传统征信监管制度中存在的问题不断被放大。大数据征信时代的征信市场如何与政府监管相糅合，需要构建一个依靠信用、制度和技术为抓手的大数据征信监管体系，协调市场发展和政府监管两者关系共同发挥作用是大数据征信监管制度需要解决的问题。

（一）大数据征信监管是征信监管制度现代化的内在要求

大数据征信借助新兴科技可有效评价主体信用，降低信息不对称，减少交易风险，为央行征信作出了有益补充。相较于传统央行征信，大数据征信体现出信息采集广泛化、信息处理技术化、数据挖掘深度化和信用产品应用场景多元化的特点。大数据征信监管制度建立在"市场失灵"和"政府失灵"的基础上，大数据征信的新颖性和专业性、数据科技公司和信用信息服务公司的主体特殊性导致了征信市场秩序混乱，对其进行监管具有重要意义。具体分析，大数据征信监管制度是以信用监管为内核，借助大数据征信主体、信息提供主体市场行为的合规信息、合法信息、违法信息及违约信息，对其进行信用评级，进而高效配置征信监管资源。以信用监管为核心的大数据征信监管制度是经济法调整征信市场的一种手段，兼具指导性调整方法和指令性调整方法，两种方法相辅相成。指导性调整是指令调整的前提，为指令性调整提供监管依据，指令性调整反过来落实、强化指导性调整目标，最终取得良好的监管实效。经济法的调整范围主要包括三大方面：政府和市场的关系、中央和地方的关系，以及国家和国民的关系，属于典型的"现代法"。[①] 并且，通过公权介入的调整方法和私权介入的调整方法实现调整目标，前者可进一步分为指导性调整和指令性调整两类。具体来看，指导性调整是征信监管机关为引导监管对象（征信主体、信息提供主体）开展征信活动符合既定的经济干预目标而采取的非强制性的调整方法，主要通过引导、建议、告诫和劝告等手段予以实现，该类调整方法本身不具有强制性，监管对象可自由选择是否听取该劝告，不产生必须遵守的法律效力。指令性调整主要是监管

---

① 张守文. 回望70年：经济法制度的沉浮变迁［J］. 现代法学，2019，41（4）：3-17.

机关作出的、监管对象必须服从的调整方法,主要表现为行政处罚和行政强制。在以信用监管为核心的大数据征信监管制度中,征信监管机关对信用评级好、信用评分高的征信主体和信息提供主体,采取鼓励扶持政策,增加守信利益和商业交易机会,而对信用等级较低的监管对象实施重点关注,甚至进行行政处罚。

总的来说,大数据征信监管制度并非对信用好的监管对象实施监管豁免,也非对信用差的监管对象额外实施多次的行政处罚,并没有改变监管主体和监管对象的权利义务关系。只是借助守信行为信息、失信行为信息高效配置监管资源,对于失信的监管对象实施信用惩戒,提升征信监管效能。实施大数据征信监管制度是信用经济下大数据征信现代化,维护征信市场秩序的重要体现,有助于引导征信行业自觉形成"守信联合激励和失信联合惩戒"的征信行业氛围。

(二) 大数据征信监管发展的历史与现实考察

我国对于征信业的发展一直是统筹考虑,但相较于大数据征信业的发展,大数据征信监管则起步相对较晚,总体来看可以分为三个阶段。

第一阶段为监管包容期(2009—2013年)。2009年,上海资信有限公司获批成立。[①] 人民银行积极迎接互联网技术为征信带来的机遇和挑战,不断开展大数据征信业务试点工作。2013年建立互联网金融征信系统,将P2P平台、融资租赁公司等金融服务公司的信息数据接入平台。《征信业管理条例》(以下简称《条例》)于2013年正式颁发,作为征信监管的综合法规,确立了我国征信业较强的准入式管理风格,着重机构监管。随后出台的《征信机构管理办法》(以下简称《办法》)细化了征信机构的设立、变更和终止程序,进一步规范了征信机构主体合规性。政府着重搭建、设计监管制度,使监管制度从无到有,征信监管做到有法可依。

第二阶段为监管温和期(2014—2017年)。2014年,人民银行在上海开展大数据征信试点工作,将证券行业、信托行业和保险行业等金融领域数据信息接入大数据征信平台,并支持信息使用主体通过网上平台获取征信服务和查阅征信报告。2014年出台的《征信机构信息安全规范》提出征信机构安全管理、安全技术和业务运作三个方面信息安全要求。2015年,《关于做好个人征信业务准备工作的通知》要求征信机构依法合规开展个人征信活动。随后人民银行出台《征

---

① 常征. 大数据环境下的征信体系 [J]. 中国金融, 2017 (7): 41–43.

信机构监管指引》，增加了征信机构备案、保证金交纳、非现场监管等方面的监督检查事项，明确八家机构①做好开展个人征信业务准备工作。2016 年，《关于加强征信合规管理的通知》强调征信业的重要性和征信合规的必要性，要求征信合规自查自纠，确保征信信息安全。征信监管制度已较为完备，形成了以《条例》为主，众多规范性文件为辅的征信业监管法规体系。

第三阶段为监管完善期（2018 年至今）。2018 年，百行征信获人民银行颁发个人征信牌照，标志着大数据征信迈入市场化阶段，我国个人征信系统形成了以中国人民银行征信为主，百行征信、朴道征信等市场征信主体为补充的"政府＋市场"的双轮驱动征信模式。2019 年，百行征信正式上线了个人征信系统，着重提升自身内部管理能力，试验了名单平台、信息核验平台等三款内部管理产品。2020 年，《个人信息保护法》的出台对征信监管具有里程碑意义，其列举了信息主体所享有的权利，明确了敏感信息处理规则。至此，我国形成了在人民银行监管下，由人民银行征信中心负责运行的通过全国性商业性银行总行、省级分行、地方支行和人民银行分行、省会支行、地方性金融机构及其分支机构以及众多相关机构接入的征信监管体系（见图 1）。该体系呈现出阶段化监管、监管对象众多、监管分类化和监管范围过宽的特点。

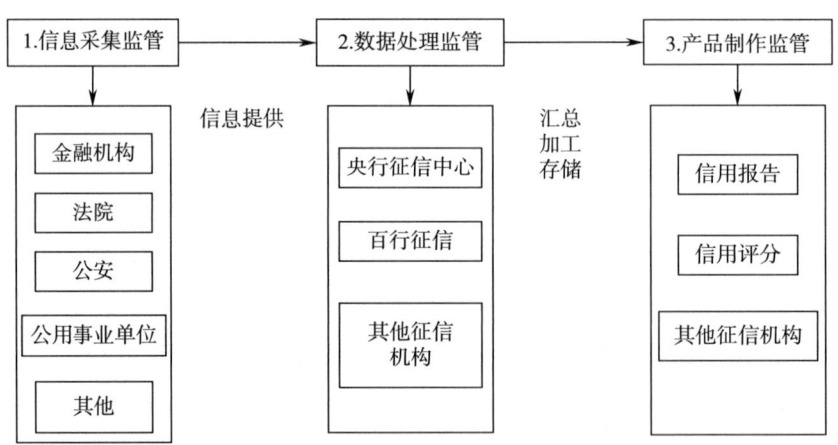

图 1　传统征信监管体系

---

① 芝麻信用管理有限公司、腾讯征信有限公司、深圳前海征信中心股份有限公司、鹏元征信有限公司、中诚信征信有限公司、中智诚征信有限公司、拉卡拉信用管理有限公司、北京华道征信有限公司。

(三) 大数据征信监管存在的问题

目前,我国在大数据征信领域尚处于起步阶段,缺乏统领性的法律设计,更多表现为传统制度监管和以传统"审判"为中心的监管体系,面对大数据征信显得力有不逮,主要体现在以下三个方面:

第一,大数据征信机构监管真空。首先,传统监管制度重点在于机构监管,监管范围较为狭窄。《条例》的规制对象为开展"对被征信主体信用信息进行采集、整理、加工,并对信息使用者提供征信产品"活动的征信机构,而众多大数据征信机构为避免被《条例》强监管,多采用"信用信息服务机构"和"数据科技公司"名义开展征信业务。其次,大数据征信机构开展征信业务具有专业性,利用大数据技术对数据信息进行非接触式采集、存储和分析。大数据技术的发展和使用,其智能化程度提升了信息采集和数据分析的合规性与准确性。但大数据技术的错误设计和恶意使用将会直接产生信息过度采集和错误分析等问题,算法模型评价技术本身错误也会导致信用产品不精确和评估结果错误等归责问题。[1]《条例》第七章仅明确了征信机构和数据库运行机构违规行为需要追究的行政责任,未规定大数据技术设计者和技术使用者的责任。究其原因在于,以《条例》为主的传统征信监管制度确立时间较早,而大数据技术应用于征信业时间较晚,《条例》无法将其纳入管理范围。一言以蔽之,大数据征信扩展了信用产品应用范围,但大数据技术错误设计、恶意使用等问题仍在监管范围之外,未将技术侵权纳入监管范围,对大数据征信设计者和使用者的法律责任还未予明确。

另外,随着大数据征信的迅猛发展,出现大数据信用信息服务以及与央行征信服务产生重复评信、信息交叉收集等现象。同时,也出现两个方面的问题:一方面,大数据征信技术高度智能化,但缺乏技术设计和使用规范标准,导致信用产品类型多样,质量参差不齐。另一方面,现行大数据征信服务市场较为混乱。失信认定权限仅由央行失信惩戒数据库认定扩展至大数据征信机构均有权对信息主体失信行为认定,使得失信认定标准不一。大数据征信机构失信惩戒资格和惩戒标准、惩戒力度和范围等问题亟待明确监管规则。

第二,大数据征信监管法律依据供给不足,传统监管手段需要与时俱进。相较于征信业务发展较完善的美德日韩等国家,我国征信法律制度在立法和实践方

---

[1] 当代金融家. 人行征信:发展智能征信的蓝海与短板[EB/OL]. (2017-12-22) [2021-08-19]. https://www.sohu.com/a/212116487_165970.

面稍显滞后，征信法律监管制度仍不完善。《个人信息保护法》《条例》《办法》《征信机构信息安全规范》《征信机构监管指引》《企业征信机构备案管理办法》等共同构成了我国征信业监管制度体系。从主体、业务范围、业务规则和行为处罚等方面着手，对征信业监管作了整体性规定。但在条文具体操作方面仍欠缺规范指引，一方面，《个人信息保护法》刚颁布，实践经验较为缺乏，尚未制定配套的行政执法、处罚和保护的政府规章，条文适用难度大。《条例》作为征信业的综合法规，原则性和框架性条文占比过高，涉及数据科技公司、信用信息服务公司的监管制度和执法操作规范较少，监管措施覆盖面有待进一步拓宽，无法依据《条例》《办法》对大数据征信机构进行监督管理，亟待更新和完善。另一方面，《条例》《办法》的处罚规则不明确，对违法违规行为没有统一处罚标准。基层人民银行对违反《条例》规定的单位和个人有权进行罚款，但罚款幅度较大，行政处罚裁量有些风险，处罚规则把握难度高。

大数据征信机构信息采集动态化，信息分析处理虚拟化和分散化，征信违法行为呈现出隐蔽性、阶段性特点，导致现场监管、信息报送、定期审查和要求相关工作人员作说明等传统监督检查手段难以取得预期监管效果。首先，传统征信监管手段效率低。主要通过抽样方式对征信机构进行合规性审查，以现场检查和人工阅读数据为主，难以发现征信机构业务行为是否合规，无法找出征信系统安全与信息泄露线索。其次，传统征信监管频率较低。征信系统专业人才缺乏和征信业务繁多的矛盾十分突出，征信监管职能难以有效行使。最后，非现场监管手段利用率低，无法进行有效风险预警。大部分地区仅开展规章制定、人员配备和材料报送等数据的初步统计和预备工作，已有的非现场监管手段仍然停留在对监管对象信息报备收集，对异议信息进行录入分析，再具体分析情况对风险较高的接入机构进一步展开现场检查的阶段。难以对征信系统和征信接入机构的信息查询情况和运行情况实时监控，仍然需要依靠现场检查的材料，无法完全脱离现场监管。

第三，信息安全事件频发，缺乏舆情监测和救济系统。大数据征信时代下信息安全形势更加严峻，信息数据泄露方式种类多样，且侵害信用权益的行为内容更为复杂。当前，大数据征信服务侵害信息主体权益行为时有发生，近年来频发相关机构非法采集、存储贷款人信息，并违法使用信息主体信息，甚至出现"套路贷"和暴力催收等犯罪行为。

大数据征信监管急需建立舆情监测系统，利用信用监管提升监管效能，从传统的事后监管转换为事前、事中和事后的全流程监管。传统的监管和救济系统具有局限性。首先,《网络安全法》第四十二条、《国家安全法》第二十五条、《民法典》侵权责任编均规定了不得违法泄露、篡改、传输信息主体信息,要求加强信息和网络安全防护水平,确保信息系统与数据安全。但对于信息泄露、违法买卖信息和违法使用信息等问题缺乏专门的法律救济途径和纠纷解决机制,而只能援引《民法典》侵权责任编寻求司法救济,难以涵盖信息安全风险内容,救济范围有限。其次,《条例》第四章赋予信息主体异议权和投诉权,通过自力救济有权要求征信机构更正错误信息。《条例》第二十五条明确信息主体有权对错误信息提出异议,并要求更正。但大数据征信具有数据海量化和主体多元化特征,使得异议投诉难以取得预期效果。一方面,信息主体难以确定征信机构何时、何地采集了何种信息,只能在信用受限后才发现自身信息被错误采集、记录;另一方面,非结构性数据和替代性数据的广泛采集增大了信息主体对自身信用数据准确性的判断难度,导致信息主体无法有效行使异议权。再次,就救济方式而言,《条例》未规定异议行使方式,仅原则性规定其有权向征信机构和信息提供主体提出异议,导致实践中异议行使方式较为单一,且纠纷处理效率较低。信息主体大多通过拨打电话、线下申请行使异议权,面对海量增加的数据采集和加工处理,此种异议方式难以作为维护信息主体权益的有力保障。最后,《条例》第二十六条规定了信息主体有权向国务院征信监督管理部门派出机构投诉和向法院起诉。但在大数据征信实践中,信息主体维权效果并不乐观。虽然《民法典》侵权责任编、人格权编、总则编在一定程度上对信息主体提供了请求权基础,明确信息泄露、隐私权侵害、信息超时删除等行为应承担法律责任,但大数据征信具有专业化、技术化、隐蔽化等特征,信息主体对侵害行为难以举证,且难以确定一个或几个侵害行为对损害后果的贡献力。

二、以信用为基础重构大数据征信监管体系

大数据征信监管以信用监管为抓手,是信用经济下征信监管现代化的内在要求,创新信用监管模式是化解当前征信监管难题的根本路径。[①] 以信用为基础的

---

① 倪楠. 以信用为基础的新型市场监管模式:动因、框架与构建路径 [J]. 江海学刊, 2020 (5): 237-241, 255.

大数据征信监管模式是以信息采集、信息报送、信息加工处理和信息使用四个征信业务流程为监管基础,将征信监管机关作为大数据征信监管体系的核心主体,由其制定信息采集、信息报送、数据分析处理和信息使用标准,并对被征信主体权益进行保护。通过信息评价对征信机构、信息提供主体和信息使用者进行信用等级划分,形成分类监管依据,作为其他主体进行经济活动的参考因素。总的来说,大数据征信监管模式建立在现行法律法规制度之下,重点在于明确大数据征信监管法律关系的宏观构造,难点在于打通大数据征信监管各环节的运行机理,要使大数据征信监管体系生效落地,关键在于提出实现大数据征信监管模式的具体路径。

(一)大数据征信监管体系的宏观构造

经济法主体的构成体现为"二元结构",一方为调制主体,另一方为调制受体。[①] 大数据征信监管法律关系中,征信监管机关为调制主体,代表政府行使信用监管职能,引导征信机构和信息提供主体征信活动符合法律规范,对违法行为进行限制、禁止或处罚。征信机构(央行征信中心、百行征信、朴道征信、大数据信用信息服务公司、信用数据科技公司等)和信息提供主体(政府部门、企事业单位、网络交易平台等)是调制受体,是征信监管机关的监管对象。从总体上看,大数据征信监管法律关系涉及三个主体、三对基本法律关系(见图2)。

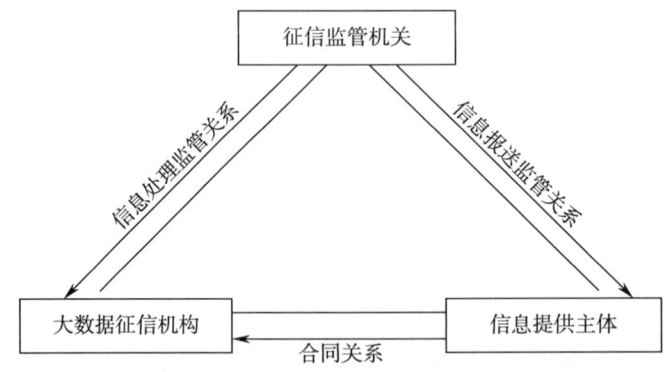

图2 大数据征信监管法律关系

大数据征信监管的三大主体分别是征信监管机关、大数据征信机构和信息提供主体。监管主体是指人民银行下设的征信监管机关,代表政府行使大数据征信

---

① 薛克鹏. 经济法基本范畴研究[M]. 北京:北京大学出版社,2013:22.

监管职能；征信主体包括各类专业的征信机构，主要指央行征信中心、百行征信、朴道征信、大数据信用信息服务公司、信用数据科技公司等；信息提供主体有权向被征信主体收集信用信息，并将信用信息提供给征信主体。该类主体涵盖范围较广，包括政府部门、企事业单位、网络交易平台等。三大基本法律关系包括：（1）征信监管机关与大数据征信机构之间的信息处理监管关系；（2）征信监管机关与信息提供主体之间的信息数据报送监管关系；（3）信息提供主体与大数据征信机构之间的用信服务关系。三个基本法律关系具有相对应的权利义务内容。（1）大数据征信机构向征信监管机关依法提供系统接入，实时报送信息处理情况。征信监管机关有权接入征信机构内部系统，依法监测、查询和归集征信机构在信息分析阶段的相关违法信息、违约信息并予以公开，以便进一步强化分类监管，便于信息使用主体进行商业决策。大数据征信监管机构将归集的征信主体的业务信息发送给第三方机构，再由第三方机构对征信主体的征信业务行为信息进行信用评价，并形成信息数据处理结果或信用产品。该数据处理结果或信用产品可作为监管考量因素，以解决现阶段大数据征信机构以数据科技公司、信用信息服务公司、网络交易平台等形式开展征信业务时存在的征信机构与信息提供主体角色混同现象。（2）征信监管机关有权制定和执行信息报送标准，依法对信息提供主体进行监管，接入信息提供主体内部系统查询、监测信息报送阶段的业务行为信息。征信监管机关汇集信息提供主体在信息报送阶段的业务行为信息，并将该信息发送给特定第三方机构进行数据处理分析。该做法的优点在于保证了征信第三方的独立性。同时，信息提供主体根据市场需求和政府监管要求提供被征信主体信用信息，并严格按照信息报送标准存储、开放、删除、报送敏感度不同的信用信息。（3）信息提供主体为征信主体提供所采集的信用信息，并在提交前履行个人信息审查注意义务，确保信息数据的真实性和时效性。征信机构需对信用信息进一步分析处理，进行信用评价，并对异常的信用信息标注。征信主体和信息提供主体对信息数据的真实性和时效性负责。（4）征信机构和信息提供主体有权对监管机关错误记录、错误收集的信息内容提出异议，对征信监管机关归集的信用监管信息予以核对，请求征信监管机关撤销违法行政行为。

总的来说，大数据征信监管法律关系中，监管机关始终处于"三角形"上位，承担着维护市场秩序，保护信息主体合法权益，引导、限制征信机构和信息提供主体的征信业务行为，第三方机构分析的信用数据将成为征信监管机关作出行政行为的决策依据。三大法律关系的合理运行将成为大数据征信监管体系的重点内容，有利于推动传统征信监管模式的转变，提升大数据征信监管效能。

（二）运行机理

数据驱动下的信用监管是传统征信监管与大数据征信监管的重要区分点，信用监管贯穿信息采集、信息报送、信息处理和信息使用全流程。大数据征信监管体系有一个相应的运行模式，实现自身科学、合理和高效运行。在大数据征信监管总体要求下，还需要多个技术监管模块与之配套才能更好发挥"信用数据"的监管作用。

大数据征信监管体系是生态化的监管模式，与征信业务流程相匹配，形成统一整体。大数据征信监管中，监管部门在上位，与征信机构是信息分析处理监管关系，与信息提供主体是信息报送监管关系。征信监管部门接入征信机构和信息提供主体内部，汇集信息采集行为、报送行为、数据处理行为和数据使用行为等业务信息，并有权进一步查询、监测主体业务行为。征信监管主体负责制定信用等级评价标准和评价内容，将汇集的信息打包发送给通过招投标方式选中的合格第三方机构，该机构对信用信息予以信用评价并形成信用产品。监管部门又以政府采购方式购买信用产品运用于征信监管中，实现精准化监管。其他信息使用主体也可查询、购买该信用产品，作为降低商事交易风险的决策参考。大数据征信监管体系构建优势在于，既填补了前期征信监管的空白问题，将实质上从事征信业务的网络交易平台、数据科技公司、信用信息服务公司纳入监管范围，又保证了征信机构独立性和监管部门的中立，符合服务型政府的本质。同时，也激活了大数据征信市场，维护了征信市场秩序和提升了征信监管效能。

大数据征信监管制度通过指导性调整方法和指令性调整方法发挥作用，是经济法调整征信市场的重要表现。重构后的大数据征信监管制度以信用为基础，属于经济法市场规制方面的重要组成内容。一方面，征信监管机关采取引导、劝告、建议、告诫等成本较小、干预较弱的非强制性调整措施，引导监管对象的征信活动符合维护征信市场秩序的干预目标。另一方面，征信监管机关代表国家行使公权力，对信用指数较低的大数据征信机构和信息提供主体进行行政处罚，要求其进行业务整改，恢复合理的征信市场秩序，保护被征信主体信用权益。具体而言，征信监管机关对于信用等级较高的企业进行分类监管，对信用较低的企业实施重点关注，并配合现场检查。当然，征信监管机关对大数据征信市场进行监管本身是行使监管职权的行为，对于信用等级高的征信机构和信息提供主体并非实行监管豁免，对信用指数较低的征信机构或信息提供主体也并不是违法的过度干预，不影响征信监管机关与征信机构原有权利义务内容。总的来说，大数据征信监管体系的构建与运行是互联网时代下国家治理能力和治理体系现代化在征信市场的具体体现，将有效引导征信机构、信息提供主体和信息使用者遵守行业规范，维护良好的征信市场秩序。

三、构建大数据征信监管体系的路径选择

大数据征信监管模式的构建具有体系性，不可能一蹴而就，更不能简单依靠出台一部或几部法律就可实现。大数据征信监管体系的落地实现，真正发挥信用监管作用，单靠顶层设计仍然不足，还需要关键技术和大量制度与之配套。

（一）构建舆情监测和数据分析系统

大数据征信时代，信用数据驱动监管是征信监管主体的重要监管手段，体现出极强信用监管特点。而信息汇集的全面性、真实性和时效性，数据分析的专业性和准确性是监管高效实现的关键。在大数据征信监管体系中，设置舆情监测与数据分析系统（见图3）。该系统由三个基础模块组成，分别是主体资格审查模块、征信业务行为模块和社会信用信息模块，模块内含异常情况监测和风险预警功能，实时关注征信主体、信息提供主体业务合规状况。具体而言，主要包括三大方面的内容：一是主体资格审查模块负责审查主体基本信息，包括主体的注册信息、注册资金、注册地、业务范围等内容，以核实大数据征信主体和信息提供主体是否依法办理了市场登记，是否取得了个人征信业务牌照以及经济活动是否符合相应等级的业务范围等。重点审查数据科技公司、信用信息服务公司、网络交易平台等开展征信业务时，是否进行了实名报备，网络交易平台对其内部的征信机构和信息提供主体是否依法收集营业信息。二是征信业务行为模块通过大数据、云计算、算法模型实时进行舆情监测，分析主体征信业务行为是否合法以及可能存在的不正当竞争行为、垄断行为和违法交易行为。该模块包含了信息采集、信息报送、信息处理、信息使用四个方面的合规信息，贯穿征信业务的全过程，并根据不同阶段的违法行为设置敏感词汇，实现风险预警和行为监测。三是社会信用信息模块，内容涵盖广泛的信用信息，包括第

三方机构对信息提供主体和征信机构进行的信用等级评价信息和以人民银行为中心的央行征信信息、以市场监管部门为中心的市场监管信用信息、以法院失信名单为中心的被执行人失信信息三大方面内容,可实现三大信用信息在大数据征信监管领域的协调增效。

在具体操作层面,如果征信主体或信息提供主体存在主体资格不适格、违法业务行为或不良历史信用信息,监测系统将作出相应警示。系统收集、分析监管信息,当征信机构和信息提供主体业务行为合法合规,将给予良好信用指数评价。当行为违法违规、负面信息增多时,则主体信用指数将不断向警示线靠近,征信监管部门针对突破警示线的征信机构、信息提供主体和信息使用者发送预警信息,并进一步行政执法。

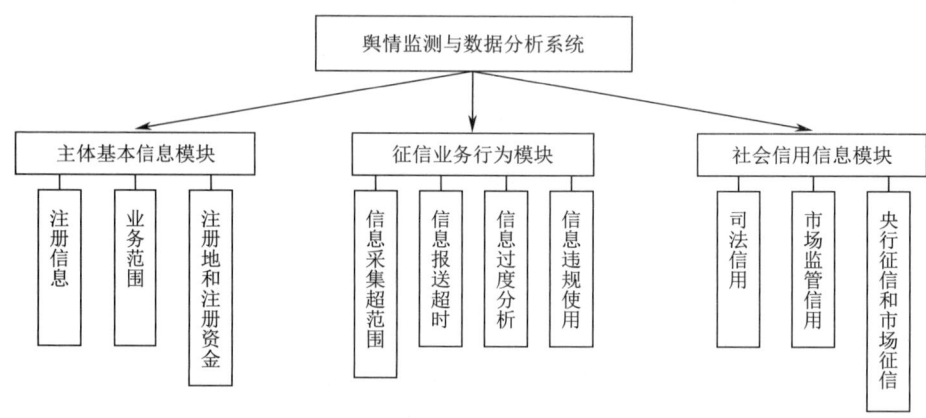

图3 舆情监测与数据分析系统

(二) 构建信用指数更新和修复机制,实现事前预防和事中保护

大数据征信监管是动态化监管过程,监管对象信用指数"可上可下""可进可退"。征信机构和信息提供主体对自身信用评价和信用指数具有知情权和修复权,有权对错误评价提出异议更正,并通过积极行为进行自身信用修复和信用重建。征信监管机关根据失信类型向监管对象采取指导性调整行为或指令性调整行为前,应向主体发送告知书,保障其知情权。监管对象在收到告知书后,可对告知书记载的负面信用信息内容作出认可与否的表示,并向监管主体提供证据,行使异议更正权。监管对象对错误信息、错误评价可以向监管部门提出异议,监管部门应当重新核实信息,审查监管对象提供的证据,保障主体申辩权利,提高信用指数评级的准确度。征信监管机关归集信用信息时,应保障信用信息的真实性

和准确性。信用指数应当不断更新,实时动态调整。在信用指数更新和修复机制中,监管机关设定更新和修复标准。根据征信主体和信息提供主体的失信类型和修复情况更新主体信用评价,更新内容的基础依据包括两个部分:一是征信机构和信息提供主体的主体基础信息和业务行为信息发生了变化;二是征信监管机关对征信机构和信息提供主体作出新的信用警示或信用奖励等信息。此类信息的变化对主体信用评价将产生直接影响,监管机关应当告知征信机构和信息提供主体基础信息变化情况和违法违规行为,定期公示行政检查、行政处罚和奖励信息,实时调整主体信用指数。信用修复权是征信机构和信息提供主体的重要权利,也是信用监管"可上可下"的重要表现。在修复内容方面,针对善意失信情况,允许征信机构通过其他替代行为补正。针对恶意失信,监管机关将采取失信名单公示、信用降级、行政处罚等方式规制征信机构和信息提供主体,监管对象可通过积极配合检查、按时整改、资料报送、无新增违法行为等方面修复自身信用指数(见图4)。

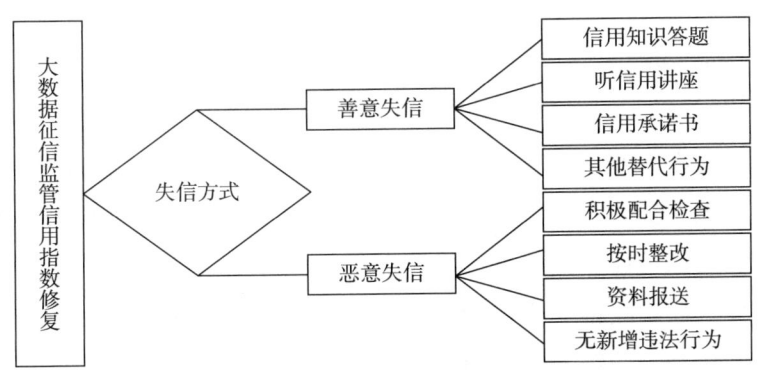

图4 大数据征信监管信用指数修复方式

(三)增加信用立法供给,实现大数据征信监管法治化

完善大数据征信法律依据,建立层级清晰的征信监管框架,使监管有法可依。监管机关行使监管职能应符合征信法律法规要求,合法合规开展征信监管。首先,在征信法律架构方面,尽快出台《社会信用法》解决现行关于征信监管内容散见于其他部门法的难题。考虑到大数据征信发展的现状,对信息主体隐私权保护,厘清征信机构、信息提供主体和信息主体三者权利义务,明确征信大数据技术设计者责任具有紧迫性,而出台《社会信用法》能很好地解决上述问题,构建起完整、统一的信用管理框架体系。其次,引导征信监管从着重机构监管向

行为监管转移，贯彻渗透式行为监管理念①。根据征信业务环节构建对应监管规则，重点将大数据信息服务公司、网络交易平台、数据科技公司等纳入监管范围，明确其法律责任和行为规则。主要包括四个方面：一是增加信息抓取留痕规定，严格行为留痕，方便事后倒查。二是规范数据质量监管制度，增加对主体资格、权限、责任等多个方面的量化考评和源头管控力度。三是加强对大数据技术的开发、利用、反馈监管，实行开发报备制度。新技术的开发利用需要监管机关审批，开发者需说明技术可能产生的信用风险，对存在重大风险的技术应当拒绝开发利用申请。四是实时披露信用评价信息，保证信息评价指数的准确性。开通信息公开渠道，在官方网站、微信公众号、微信小程序和有关的公共渠道发布监管信用评价指数。再次，细化《条例》内容，明确大数据征信监管规则和监管手段。大数据征信快速发展，使市场个人征信与央行个人征信出现分歧，而《条例》对此未予关注，出现对大数据征信监管放松现象。明确对大数据征信与央行个人征信进行分类监管，单独出台大数据征信的监管制度。应用科学化、智能化技术监管手段，通过动态监管和全流程监管对大数据信息采集、存储、分析和使用予以全程规范。最后，明确大数据征信监管责任体系，明晰监管主体、征信主体、大数据技术设计者和使用者的责任。确立分层级的三级法律责任体系：第一层是监管机关监管失职，未能履行监管职能而承担的法律责任；第二层是征信主体违法行为，多表现为信息数据泄露、信息错误评价、数据违法买卖等侵权行为所产生的民事侵权责任和行政责任；第三层为大数据设计者和使用者责任，表现为因大数据技术和算法模型错误设计和恶意使用产生的技术侵权责任②，包括开发、设计侵权行为和使用不当的侵权行为。

---

① 戈志武. 大数据征信监管研究［J］. 西南金融，2017（4）：13-18.
② 张凌寒. 风险防范下算法的监管路径研究［J］. 审计观察，2019（1）：66-71.

非银行支付机构分公司监管问题探讨

文/任丽丽[*]

摘要：随着支付服务市场的多元化发展，非银行支付机构（以下简称支付机构）迅速抢占市场，既促进了支付市场的快速发展，也增加了金融消费者对支付手段的选择，但支付机构在快速发展的过程中"重市场、轻管理"，导致支付机构分公司管理缺位，引发支付服务市场违规问题集中、存在风险隐患、监管履职遇阻。本文在调查支付机构分公司管理缺位的主要表现、引发问题的基础上，分析问题成因，提出监管建议。

关键词：非银行支付机构　分公司　监管

截至 2021 年末，全国存量支付机构 224 家，其中从事线下预付卡发行与受理业务的支付机构 122 家、从事银行卡收单业务的支付机构 61 家。以山西省为例，除法人支付机构外，有 45 家支付机构具备山西省展业资质。截至 2021 年末，已在山西省备案的支付机构分公司 37 家，占辖内支付机构总量的 94.87%，其中从事银行卡收单业务的分公司 34 家，占分公司总量的 91.89%，是山西省支付服务市场的主要力量。部分支付机构为迅速扩大市场规模，通常采用"投入少、产出快"的外包模式展业，忽视了支付机构分公司管理，尽管各级人民银行出台了一些监管政策，但仍未对其形成有效的监管约束，存在风险隐患，亟待规范。

---

[*] 作者单位：中国人民银行太原中心支行。

一、支付机构分公司管理缺位的主要表现

（一）未备案即随意展业

部分支付机构成立分公司后未履行备案手续前，甚至未成立分公司前，即以其总公司名义跨省拓展实体特约商户开展收单业务。针对此种情况，一方面人民银行缺乏实时监测手段，及时发现难，特别是业务未经本地中国银联分公司时，不能从《联网通用月报》中发现，只能随机调取大量支付系统数据进行分析筛选；另一方面针对其以总公司名义在本地的展业行为，属地人民银行只能移送其总公司所在地人民银行，难以直接对分公司实施处罚。

（二）人员与场所配备不足

部分支付机构分公司存在人员与经营场所配备不足、与其业务规模不匹配的情形，尤其是单独采用外包模式展业的支付机构分公司。主要表现为：一是高管人员或负责人兼任问题较普遍，通常由总公司管理人员、大区负责人等兼任，并不常住本地。二是其他人员配备不足。除高管人员或负责人外，部分支付机构分公司配备1~2名管理人员或工作人员，个别支付机构未配备专职工作人员，风险合规人员多由总公司相关部门人员兼任。此情况在省内地市表现得更为明显，在地市展业机构多数未配备专职人员。三是设立"空壳"分公司。部分支付机构采用设立"空壳"分公司的方法应对人民银行的备案要求，备案时随意选取一个地址注册成立分公司，备案结束后即撤走备案人员，只是派驻业务人员或由外包服务机构在当地市场开展业务，个别支付机构分公司甚至将经营场所也随即撤销，待人民银行检查时临时借用外包服务机构办公场所。人员与场所配备不足导致分公司履职能力受限，内部控制流于形式。

（三）管理职责单一化

部分支付机构分公司管理职责单一，多数定位为与监管部门对接，部分还负责拓展和管理当地外包服务机构，而商户拓展、录入、初审及机具采购布放等业务均由外包服务机构负责，外包服务机构对商户初审后，通常直接提交支付机构总公司审核，并未约定分公司的审核职责。除商户审核外，受理协议签订、商户档案管理、外包业务等也不同程度集中由总公司管理，部分支付机构分公司人员也无权查询本地所有商户信息，难以履行本地收单业务管理职责，导致有权力的

总公司不承担责任，应承担责任的支付机构分公司无权力，内部管理错位、越位，势必造成外部市场的无序竞争。

二、支付机构分公司管理缺位引发的问题

（一）违规问题集中

部分支付机构分公司收单业务管理高度集中于总公司，本地业务全权由外包服务机构负责或完全依靠外包服务机构的情形，助长个别外包服务机构做强做大，凭借商户资源操控支付机构，导致支付机构对外包服务机构"不想管""不敢管"，在商户真实性、合规性、终端管理等方面违规问题集中。如外包模式下，部分支付机构分公司未履行商户审核、现场检查、巡检等职责，加之部分外包服务机构仍通过互联网或电销等方式，跨省域投放POS机具，为套现、洗钱、赌博等非法交易提供了可乘之机。在终端管理方面，根据《中国人民银行关于规范支付创新业务的通知》规定，收单机构应自主完成受理终端采购，但部分支付机构将受理终端机具采购成本转嫁给外包服务机构，由外包服务机构向支付机构总公司采购并通过销售、收取押金等方式向商户推广，而外包服务机构推广过程中存在假冒银行工作人员、虚假承诺或宣传等现象，导致涉及受理终端的押金或费用纠纷投诉问题突出。

（二）存在风险隐患

支付机构总公司片面考核市场占有率、忽视分公司管理的做法，在资金安全、信息安全等方面存在风险隐患。如在外包模式下，通常由外包服务机构负责商户进件、信息变更和资料初审，加之部分支付机构分公司不能按规定对外包服务机构拓展的商户进行巡检，不能及时发现异常，为外包服务机构变更商户收单结算账户、挪用或占用商户资金提供可乘之机。同时，外包服务机构推广受理终端中冒充银行工作人员以办理高额信用卡、低息贷款等方式诱导商户交纳各种费用，也给商户造成一定资金损失。此外，根据《中国人民银行关于加强银行卡收单业务外包管理的通知》（银发〔2015〕199号）规定，收单机构[①]应通过协议禁止并采取有效措施防止外包服务机构转让或转包业务。但由于收单外包业务进

[①] 收单机构包括从事银行卡收单业务的支付机构和银行业金融机构，本文仅指前者，下同。

入门槛低，导致外包市场无序进入，机构、个人均可代理，外包业务层层转让转包现象屡禁不止，从业人员鱼龙混杂，收单业务监管规则执行难，给支付服务市场稳定、健康发展带来风险隐患。

（三）监管履职遇阻

支付机构分公司管理的缺位，导致基层人民银行监管履职难。一是现场检查难。多数支付机构分公司商户纸质档案在异地总部存放，调阅需与总部协商寄送，商户管理系统查询权限也限总部相关人员，甚至需由总部人员到场才能进入系统查询，且查询权限有限，存在调取时间长、真实性完整性难保证等问题，不能满足监管要求，影响监管效率。二是日常监管难。由于支付机构分公司管理职能有限，导致监管信息报送与交流不畅，日常监管工作对接难。同时，部分支付机构分公司印章由异地总公司保管，也影响监管效率。三是实施处罚难。多数支付机构以风控为由，商户受理协议签订由总公司负责，发生违规问题时，属地人民银行难以对支付机构总公司违规行为进行处罚，只能移送其总公司所在地人民银行。四是存在监管真空。外包服务机构及其拓展的商户均在总公司签约管理情形下，属地人民银行掌握或调取相关商户信息难，易形成监管真空。

三、支付机构分公司管理缺位的原因分析

（一）逐利内因

追逐利益最大化是支付机构分公司管理缺位的主观因素。根据规定[①]，收单机构应当对实体特约商户收单业务进行本地化经营和管理，仅连锁经营或集团化管理的特约商户可签订总对总银行卡受理协议，但也必须落实本地化服务和管理责任。但实践中，部分支付机构片面考核市场占有率，最大限度地压缩分公司管

---

① 《银行卡收单业务管理办法》规定：收单机构应当对实体特约商户收单业务进行本地化经营和管理，通过在特约商户及其分支机构所在省（自治区、直辖市）域内的收单机构或其分支机构提供收单服务，不得跨省（自治区、直辖市）域开展收单业务。对于连锁经营或集团化管理的特约商户，收单机构或经其授权的特约商户所在地的分支机构可与特约商户签订总对总银行卡受理协议，并按规定落实本地化服务和管理责任。《中国人民银行关于加强银行卡业务管理的通知》规定：落实本地化管理要求……应确保收单机构分支机构切实承担本地商户拓展与审核、日常维护、风险核查、商户巡检、档案管理、外包业务等管理责任。《条码支付业务规范》规定：银行、支付机构应当对实体特约商户条码收单业务进行本地化经营和管理，通过在特约商户及其分支机构所在省（自治区、直辖市）辖内的收单机构或其分支机构提供收单服务，不得跨省（自治区、直辖市）开展条码收单业务。

理和运营成本，多与外包服务机构合作，采取外包模式展业，将本应由支付机构分公司负责的商户进件、商户初审、机具采购、风险核查和商户巡检等职责均委托给外包服务机构，与传统的外包服务机构负责商户拓展、机具布放与维护、商户培训的定位严重相悖，而其他未外包业务又多集中于总公司管理。尽管外包服务机构缺乏监管约束和合规意识，存在违规风险，但鉴于外包服务机构掌握大量商户资源，如果支付机构严格管理，则会面临解除合同、流失商户风险，导致部分支付机构为了获利，不惜"用违规来换市场"。

（二）环境外因

一是监管层面。首先是监管政策不完善。《银行卡收单业务管理办法》和《中国人民银行关于加强银行卡业务管理的通知》（银发〔2014〕5号）等规定了支付机构本地化经营管理的相关规定，《非金融机构支付服务管理办法》及其实施细则规定了支付机构分公司从事支付业务的应当到所在地中国人民银行分支机构备案的原则性要求，并未对支付机构分公司组织架构、人员配备、经营场所、管理职责等作出明确规定。其次是监管标准不一。部分省市自行制定了支付机构分公司管理办法，但宽严不一、执行不一。同时，由于支付机构分公司管理模式均由其总公司确定，属地人民银行制定的分公司管理规定在实践中执行难。最后是监管力度不够。部分省市自行制定的分公司管理办法不具备法律效力，难以作为处罚依据。造成支付机构违规成本低、威慑力不足。二是市场层面。在当前收单市场集中度上升的趋势下[①]，部分中小型支付机构市场规模小、生存发展难，无力或不愿承担分公司人员与场地成本，被迫选择外包模式展业。

四、监管建议

（一）完善监管政策

一是完善分公司监管政策。建议在《非银行支付机构条例》中明确支付机构设立分公司应具备的条件。同时，配套制定《支付机构分公司管理办法》，细化分公司管理职责、组织机构设置、经营场所和人员配备等事项。同时，责令支

---

① 数据来源于《2020年中国支付产业年报》。2019年，中国支付清算协会207家收单机构类会员共处理收单业务1727.63亿笔，金额113.73万亿元。收单金额排名前十位的收单机构交易额占收单总额的66.65%，同比上升3.81个百分点。

付机构总公司严格落实本地化经营管理规定，并进一步明确规定支付机构分公司应承担本地特约商户资质审核、受理协议签订、商户档案和外包业务管理等职责；要求支付机构在地市级展业，必须设立办事处或业务部等机构，安排常住人员，切实从源头上治理支付机构分公司管理缺位问题，有效解决基层央行履职难问题。二是完善外包业务监管政策。明确外包服务机构除严禁从事商户审核等收单核心业务外，也不得从事终端机具采购、商户进件等应由支付机构自主完成的业务，让外包业务回归本源。

（二）优化监管手段

一是实施分类监管。如对采取外包模式的支付机构分公司，作为重点监管对象，提高监管频率；对采取自营模式的支付机构分公司，采取监管激励措施。二是提升监管合力。支付机构分公司管理缺位，不仅影响属地人民银行履行监管职责，也导致支付机构在总公司及分公司所在地人民银行间存在监管套利行为。建议建立支付机构信息共享平台，将不同地区人民银行分支机构对支付机构分公司的监管政策、管理人员信息等共享，以便统一监管标准，提升监管合力。

（三）强化监管力度

一是加大违规处置力度。针对支付机构分公司未备案展业、本地化经营管理规定和商户实名制落实不到位、外包业务管理不到位等违规问题，经查实，属于总公司违规展业的，建议分公司所在地人民银行与总公司所在地人民银行加强协作、加大违规处置力度，避免出现监管真空。二是强化外包业务监管。建议行业自律组织制定外包协议格式条款，在协议中明确禁止外包服务机构层层转包和随意跨省展业，同时责令支付机构加大对转让转包业务的管控力度，避免未备案[①]的外包服务机构或个人通过"二级""三级"代理等渠道开展外包业务。

（四）破解发展难题

研究解决中小支付机构生存发展难问题，引导持有网络支付业务牌照的中小支付机构与大型互联网企业进行合作，依托平台经济实现可持续发展。同时，持续鼓励支付机构兼并重组、减量提质，缓解市场竞争压力，有效解决中小支付机构发展难问题，推动支付服务市场合规有序发展。

---

① 2020年9月，中国支付清算协会发布了《收单外包服务机构备案管理办法（试行）》，并上线收单外包服务机构备案系统，明确未在协会规定期限内完成备案的外包服务机构，收单机构应有序终止收单业务合作。

参考文献

[1] 李雨帆. 关于完善支付机构分公司监管的探讨[J]. 金融会计,2014(8).

[2] 任丽丽. 支付机构收单业务风险与监管研究[J]. 金融会计,2020(3).

对完善我国支付机构
网上跨境支付外汇管理问题的思考

文/张 倩[*]

摘要：随着国内支付市场竞争日趋白热化，境外业务越来越受到大型非银行支付机构（以下简称支付机构）的重视。但是支付机构跨境支付业务的发展，对现行的外汇管理政策形成了一定的冲击，相关制度规定已远远滞后于业务发展的需要。因此，加快完善跨境支付业务的外汇管理势在必行。本文分析了我国支付机构网上跨境支付的现状，剖析了我国支付机构网上跨境支付外汇管理存在的主要问题，以此探讨如何完善我国支付机构网上跨境支付外汇管理的对策建议。

关键词：跨境支付　外汇管理　金融风险

一、支付机构网上跨境支付的现状

（一）提供服务的主要类型

1. 根据客户指令完成收付款。在这种服务中，支付平台是结算服务者，将客户发出的支付指令传递给银行，银行完成转账后再将信息传递给支付平台，支付平台将此信息通知商户并与商户进行账户结算。

2. 向客户提供可储值的虚拟账户。在这种服务中，支付平台提供类似活期存款账户的服务。用户须在支付平台开立一个以电子邮件为名称的虚拟账户，并对账户进行充值、使用该账户进行收付款。提供这种服务的一般都是独立的支付机构支付平台，具有网上支付、电话支付、移动支付等多种支付手段。

---

[*] 作者单位：韩国产业银行上海分行。

3. 向交易双方提供增强交易可信赖度的中介服务。在这种服务中，支付平台充当交易的信用中介，根据卖方的履约情况划转买方付款，付款流程与网上交易紧密结合。

（二）资金结算方式

网上跨境交易主要包括境内买家境外购物和境外买家境内购物两种情况，相应地，通过支付机构支付平台进行网上跨境资金结算包括支出购汇和收入结汇两个方面。

1. 支出购汇方式。

（1）支付机构代理购汇。境外收单业务是针对境内买家购买国外商家的产品而开通的。当一笔网上境外交易发生时，境内买家根据实时汇率支付给支付机构支付平台人民币，同时支付机构支付平台再以买家的身份，帮助买家在境内合作银行用人民币购得外币，并结算给卖家。在这一交易过程中，支付机构支付平台起到代理购汇手续的中间人，其实际的购汇主体仍是境内买家。

（2）支付机构统一购汇。境内买家通过支付机构境外购物时，境内买家支付等值人民币给支付机构。支付机构在线下以公司的名义通过外汇指定银行统一购汇，购汇的主体是支付机构。

（3）支付机构下属公司之间的资金清算。支付机构分别在中国、中国香港设立公司实体。当发生网上跨境交易时，境内买家支付给内地公司人民币，而香港公司支付港元给境外卖家，最后支付机构在内部再进行相应的清算。

（4）支付机构只起中介作用，境内买家自行购汇。以 PayPal、Moneybanker 为例，境内买家需要先到境内银行开立外币信用卡，并自行购汇存到 PayPal 或 Moneybanker 的账户上后再进行对外支付。或者先利用 PayPal 或 Moneybanker 的账户对外支付，再购汇归还外币信用卡的欠款。购汇主体都是境内买家。

2. 收入结汇方式。

（1）支付机构统一结汇。境外买家将货款直接支付给支付机构，支付机构根据实时汇率支付给境内卖家人民币，支付机构再以公司名义通过外汇指定银行统一结汇。

（2）支付机构只起中介作用，境内卖家自行结汇。境外买家支付货款给境内卖家时，境内卖家可通过 PayPal 或 Moneybanker 等国外支付机构支付工具提供的直接提现服务在国内银行结汇成人民币，结汇的主体是境内卖家。

(三) 存在的风险隐患

1. 国际结算和虚拟账户资金沉淀风险。在支付机构跨境支付中，支付资金不可避免地会在支付机构作一定时间的停留而成为沉淀资金。跨境支付交易中，由于物流环节多、时间长，国际结算账户的结算周期加长，若支付服务商的服务领域扩大到一定程度，交易客户和沉淀资金达到一定规模，有可能引发系统性支付风险，并引发社会问题。

2. 国际信用卡套现风险。目前，利用支付机构支付平台提供的账户可直接进行小额套现。具体做法是通过选择支付机构支付平台的"账户充值"功能，可选择近10家银行的信用卡进行充值。充值完成后把账户中的钱转账至另一张借记卡中，相当于实现了信用卡小额套现。这种不花任何费用的信用卡套现不仅违反了相关的信用卡管理原则，而且给发卡银行带来恶意透支风险。而持有国际信用卡的个人或者企业利用网上支付机构支付平台入境套现则为境外热钱流入提供了可能。

3. 资金非法流入和洗钱风险。交易中可能产生物流，也可以不涉及物流。这种特殊的交易模式容易被犯罪分子用来洗钱，而且更加隐蔽。以网上竞拍购物为例，由于拍品价格是由卖家自行确定，因此买家完全可以为了洗钱目的，让某一卖家向买家定向发布完全偏离物品价值的商品，由买家拍下后，将资金转移给卖家。

4. 跨境欺诈交易和违法交易风险。网上交易的虚拟性使欺诈、赌博等违法交易很容易在网上进行。近些年来，地下赌场"搬"到网上的现象愈演愈烈，一些赌博公司打着电子商务的旗号，堂而皇之地进行赌博业务的支付往来，作为连接商户和银行的中间商，不少支付平台充当了传递资金的角色。

二、支付机构网上跨境支付外汇管理存在的主要问题

（一）外汇监管手段欠缺

支付机构在跨境的外汇收支管理中，承担了部分外汇政策执行及管理职责，它与外汇指定银行类似，既是外汇管理政策的执行者，又是外汇管理政策的监督者；另外，它主要为收付款人提供货币资金支付清算服务，又属于支付清算组织的一种。如何对这类机构所经办的跨境外汇收支业务进行有效管理，急需在外汇

管理法规和外汇管理制度框架层面予以规范。同时，基于网上跨境交易的网络化和资金流动的全球化，对其外汇收支活动如何监管，目前尚无现成的管理模式和经验，需要在外汇管理政策、管理方法、管理手段上作出相应调整。

（二）结售汇的代理资格尚待明确

在网上跨境交易中，支付机构会代理企业和个人进行结汇、购汇业务。该业务对支付机构来说，是代理出口收汇，然后集中结汇，但支付机构本身并没有贸易经营权，其集中代理结汇的资格尚有待明确。而对个人而言，根据《个人外汇管理办法》，在年度总额内结汇，代理人只能是直系亲属，因而支付机构作为个人结汇代理人，其资格也尚待明确。同样，若支付机构代理客户进行购汇，其资格仍然有待明确。

（三）交易真实性难以审核

一是由于支付机构不能像银行等金融机构那样获得权威身份认证识别系统，也没有要求注册用户提交相关证明材料，因此支付机构审核注册用户身份真实性存在难度。二是通过支付机构进行的外汇收支其交易对方名称均为支付机构的名称，而非实际收付款人，掩盖了实际收付款人的信息，跨境收付的真实性无从考证。三是通过支付机构支付平台发生的资金收付存在笔数多、金额小的特点，要完成对数万笔涉外收付资金进行来源及用途的逐笔确认也很难实现。四是通过支付机构进行有形商品的交易，只有资金流信息而无法匹配对应货物流数据，而对于无形商品更无对应货物流可言，对资金跨境收付有无真实交易背景无法考证。五是由于境内外汇资金划转无须进行国际收支申报，居民个人等值3000美元以下涉外收入实行限额申报，这些收支数据只有银行导入的基础数据而无申报信息，外汇监管部门无法查询统计这部分数据，对这部分数据的真实性审核更是无从谈起。

（四）国际收支申报存在盲点

一是申报主体信息不易采集，国际收支主体申报原则难以操作。按照国际收支主体申报的原则，网上跨境交易应由境内企业或个人办理对外收付款申报。但是由于支付机构的存在，境内商家分散在全国各地，很难实现到支付机构为其代理购汇的银行进行涉外收支申报。同时境内外交易双方并不直接沟通银行账户以及其他相关信息，申报内容难以采集。另外，支付机构的存在还使交易的主体与结汇、购汇的主体不一致，与国际收支主体申报的原则产生了冲突。二是申报时间与实际资金跨境时间不同。由于交易资金流需要由支付机构支付清算，完成整个交易至少需要7~10天时间，由境内企业或个人办理涉外收入支出申报事实上难以实施。三是对于利用外币信用卡对外消费，然后购汇归还银行垫款申报规定存在空白。相关规定仅对境内外币信用卡交易从境外将款项直接汇入境内外币卡和境外卡持卡人在境内银行柜台提取人民币现钞行为进行了相关申报规定，对于境内外币信用卡在境外或通过网上银行进行的其他交易并没有任何申报规定。

（五）对异常资金流动及洗钱风险难以控制

非银行支付服务是以虚拟的网络平台为基础，交易存在匿名性和隐蔽性，支付机构支付平台有可能成为异常资金流动的渠道。如以虚拟交易为名义，可通过支付机构支付平台多次向多人汇入小额资金，居民个人限额以下涉外收入免于申报，个人年度总额以内资金仅凭身份证即可直接结汇，而超过部分可通过在直系亲属账户间境内划转后再行结汇，从而实现异常资金流入。另外，洗钱手法的日趋复杂化和专业化，使通过支付机构支付平台进行外汇资金的洗钱也成为可能，而目前对这些问题的防范还缺乏有效的方法。

三、完善支付机构网上跨境支付外汇管理的对策建议

（一）完善与非银行支付服务相关的国际收支申报相关规定

完善外币信用卡申报管理规定，增加外币信用卡在境外或通过网上银行进行交易的申报规定。规范国际收支统计申报主体和申报方式，可考虑由支付机构代为办理国际收支统计逐笔申报。明确非银行支付服务进行的网上跨境交易国际收支申报项目规定，将申报归属不甚明确的资金纳入统计监测范畴。明确利用非银行支付服务进行的网上跨境交易通过银行结汇、购汇项目申报规定，将游离于外汇监管之外的资金纳入统计监测范畴。

（二）制定支付机构外汇管理办法

一是参照商业银行办理结售汇业务的准入标准，建立支付机构跨境业务的准入管理制度，针对支付机构支付平台的业务模式从业务经营资格、业务范围、外汇政策监督等方面建立准入标准，禁止不具备条件的支付机构办理跨境支付及相应的结售汇代理业务。二是将支付机构列入外汇管理主体范围，并要求其建立客户身份识别制度、客户身份资料和交易记录保存制度、个人结售汇管理、国际收

支申报等业务管理制度。要求其提供逐笔跨境交易对应的交易记录及相关资料，如邮寄单据或物流信息；提供终端用户的交易账号及支付路径；建立外汇收支服务报告制度，定期上报跨境交易报告等。三是建立有针对性的外汇管理政策及业务操作规程。通过支付机构支付平台进行的跨境资金转移有别于传统的国际收支业务，对支付机构网络支付账户进行专户管理，账户内资金的划拨应增加审核环节；通过支付机构支付平台进行的跨境资金收付，在进行国际收支申报时应有明确表述，如在交易附言中注明"非银行支付服务"字样，或针对资金为"预收预付款"和"退款"的划分项，增加"非银行支付服务"选项，以方便国际收支部门对通过支付机构支付平台数据进行专项统计与监测；出台支付机构支付平台结售汇实施细则，规范此类资金结售汇数据的报送与统计归类。

（三）加强与政府相关部门的协助配合

一是与人民银行协调配合。督促银行将网上跨境支付交易中的大额、可疑信息及时报送人民银行反洗钱管理部门；主动加强与反洗钱部门的协调配合，以防止不法分子利用跨境支付交易进行洗钱活动。二是与海关协调配合。加强与海关的相关信息的沟通，加强物流与资金流的匹配管理，对发现的低报高出、高报低出以及低报高付等涉及的走私、骗税、非法逃套汇和非法资金流入等问题，及时移交相关部门严肃处理。三是与税务部门协调配合。对部分跨境交易业务如一定金额以上的服务贸易类的交易等，外汇局要求银行除审核合同（协议）或发票（支付通知书）外，还要审核税务部门出具的完税凭证；定期将境内机构和个人通过支付机构支付平台支付虚拟产品和服务贸易的数据通报给税务部门，协助加强税收征管，防止限额以下服务贸易逃税以及拆分付汇，逃避税收监管。四是与商务、市场监督管理等部门协调配合。明确支付机构只有经过相关部门的业务准入后才能办理跨境支付交易，例如进行跨境 BTOC 的商户必须要有工商营业执照和进出口经营权等。一旦发现交易者或支付机构缺少相关市场资格，及时通报有关部门严肃处理。五是与公安机关协调配合。搭建跨境支付交易的信息平台，实现信息共享，比如要求公安部门将我国公民身份识别系统对支付机构开放等，同时与公安部门联手打击非法外汇交易和走私骗税等违法行为。

（四）构建完备的网上跨境交易业务管理体系

网上跨境交易业务的管理，包含交易主体的准入、跨境资金的汇划、资金的清算，以及税收的缴纳等多方面内容，涉及外汇局、市场、税务、海关、外经贸等多个监管部门，需要各部门的协调配合。因此，要积极沟通各部门，全方位、多角度地制定相关操作流程，实现网上跨境交易业务的有效管理。首先，要加强准入主体的资格认定，做好事前预防工作。其次，要明确经营网上跨境交易业务主体的结汇、购汇资格，交易付款属性的认定、国际收支申报、货物进出口核销相关规定，同时积极保障跨境交易得到有效监控，外汇管理政策得到有效执行，做好事中控制工作。最后，要定期了解经营跨境交易业务主体的业务经营情况，对网上跨境交易业务进行研究分析，做好事后监督工作。

参考文献

［1］乐毅．对第三方支付跨境业务的监管［J］．中国金融，2011（4）．

［2］郝建军，王大贤．第三方网上跨境支付存在的问题与政策性建议［J］．中国信用卡，2010（16）．

［3］王大贤，邱继岗．网上跨境支付外汇管理问题研究［J］．南方金融，2009（8）．

［4］国汇．网上跨境支付与外汇管理对策［J］．中国信用卡，2008（18）．

［5］外汇局浙江省分局经常项目处课题组，陆志红．涓涓不壅　终为江河——加强网上跨境支付外汇监管工作的思考［J］．中国外汇，2008（9）．

法律探讨

"个人信息保护法"时代下支付清算行业发展与展望

文/陈 建[*]

摘要： 2021年8月20日，第十三届全国人民代表大会常务委员会第三十次会议通过《中华人民共和国个人信息保护法》（以下简称《个保法》），并于11月1日正式实施。该部法律在很大程度上将规范重心放在了"规制企业行为，保护个人信息"的大方向上，对此前《民法典》等法律法规和政策进行了一次全面的调整，协调了各部法律之间的逻辑性。本文将在此基础上结合《个保法》生效前的立法背景、支付清算行业现状等，浅析《个保法》生效后支付清算行业可能面临的困境及解决思路。

关键词： 信息保护 个人 支付清算行业

一、《个保法》域内外立法成果

2021年8月20日，《个保法》经全国人大常委会表决通过，并宣布于同年11月1日起正式实施。自改革开放以来，我国对于个人信息保护的立法工作进入了一个全新的阶段。从最开始层级较低的《关于加强网络信息保护的决定》，到个人信息保护制度最终成为一部专门法律以来，无论是学术界还是普通民众在日常生活中，关于个人信息保护的认识始终争议不断。可喜的是，基础信息与特殊个人信息的区别保护、个人信息权的内涵及法律属性、信息收集者收集及处理信息的限制等法律问题，随着这部法律的出台已经有了初步定论。可以预见，这部

---

[*] 作者单位：上海富友金融服务集团股份有限公司。

法律将在未来比较长的一段时间不断适应并调节我国的社会经济生活,为电子商务以及支付清算等互联网信息行业的公民个人信息保护提供指引与参考。

与此同时,我们可将视野扩大到全球范围,以个人信息保护立法成果卓著的欧盟为例,2018年5月25日,欧盟公布了《通用数据保护条例》作为欧盟成员国范围内通用性的条例。

简言之,《通用数据保护条例》的立法主旨是保护个人数据的流通和使用,着力保障数据主体拥有的数据控制权。① 在保护个体权益的同时,《通用数据保护条例》也对欧盟整体数字产业的发展作出了指导,考虑到欧盟的特殊性,该条例规定了主导监管机构的监管权力,当数据处理方面涉及成员国多国的情况时,以统一性的机制连接各方成员,最终实现对于该类数据处理争议的统一执法,推动欧盟数字一体化市场建设。

我国《个保法》充分借鉴了欧盟的《通用数据保护条例》的精髓,在立法结构、宪法依据、个人信息收集和处理的规则、权利义务的设置上都有着高度的相似性。但是就法律性质来说,我国与欧盟在信息立法方面还是存在差异,例如宪法依据,虽然都是依据宪法中对于公民权利的保护而派生出两部法律,但是欧盟将个人权利视为超国家的身份认同,而我国将保护包括个人信息在内的权利作为国家最基本的保护义务。此外,我国《个保法》主要聚焦于消费者个人信息保护,在立法过程中始终围绕着以互联网企业为代表的企业对个人信息的收集与使用进行规制,很大程度上支配了立法者对信息保护立法的想象,也与国内第三方支付行业发展的实际现状相得益彰。

总体来说,我国在个人信息保护的立法上,顶层统筹规划对标全球先进治理经验,严谨推进条款设定并积极与国际接轨,立足于本国实际进行了法律适配性移植,并且将重心放在规制互联网服务提供者、信息收集处理者的身上,解决了关于个人信息权属及内容等争议,将在未来较长一段时间内为我国互联网事业的发展保驾护航。

二、支付清算行业个人信息保护现状

随着我国互联网技术的不断提高,电商、金融消费等互联网平台都得到了很

---

① 林凌,李昭熠. 个人信息保护双轨机制:欧盟《通用数据保护条例》的立法启示[J]. 新学,2019(12):1-15,118.

大程度的发展。与此同时，因移动支付已成为便民生活的主流支付方式，非银行支付机构（以下简称支付机构）得以深度融合并贯通链接各行各业，在零售、金融、教培等行业应用中扮演着重要的角色。人民银行发布的《2021年支付体系运行总体情况》数据显示，2021年全国电子支付业务呈现保持增长的趋势，支付机构处理网络支付业务10283.22亿笔，金额355.46万亿元。[①]

（一）支付机构存在的违规现象

据不完全统计，不少支付机构都曾因违反账户管理规定、违反清算管理规定、未按规定履行客户身份识别义务、与身份不明客户交易、个人金融信息收集和使用不当等原因受到监管部门的处罚。这些处罚规定表现在以下几个方面：一是未按规定收集必要个人信息，包括该收集的却未收集，即未遵循"了解你的客户"原则，建立健全客户身份识别机制，导致可能为非法交易直接提供支付结算服务；二是过度收集个人信息，收集了与支付业务和核心功能无关的个人信息；三是信息质量欠佳，支付机构未严格落实商户和客户巡检义务，相关个人信息和交易信息未满足真实性、完整性、可追溯性的要求；四是在个人信息的使用中，对金融消费者知情权和自主选择权保障不充分，主要是商业使用中没有依法履行知情同意和单独同意等法定义务。

（二）普遍存在收集倒卖个人信息行为

2022年1月25日，中国银联发布了《2021移动支付安全大调查研究报告》，该报告除呈现了城镇居民使用第三方支付的比例呈上升趋势外，还着重说明了两大痛点：第一，虽然信息网络诈骗导致的人均损失有所下降，但是受损人群范围却扩大了很多；第二，金融消费者信息权益保护虽然有所改善，但是账户买卖等问题却越来越难以被察觉。最后，报告还提示消费者守护好个人敏感信息。

上述报告所描述的信息网络诈骗以及账户买卖等现状，都将矛头指向了一个亟待解决的问题——消费者个人信息泄露的针对性防控迫在眉睫。据中国消费者协会相关统计，超78%的受访者遭遇过个人信息泄露的问题，约七成的受访者手机App在自身功能不必要的情况下自动获取用户隐私权限，致使发生个人信息泄露的情况，甚至有大量经营者未经用户同意将收集到的个人信息向不法分子泄

[①] 数据来源：中国人民银行于2022年4月6日发布的《2021年支付体系运行总体情况》。

露、出售,以获取非法利益。①

(三) 个人信息保护意识薄弱

随着移动支付技术的发展,如今消费者的生活场景几乎都离不开移动支付。然而,许多消费者在追求更为便捷高效的支付体验的同时,却忽略了生活场景中出现的各类App或者网页链接等可能带来的操作风险。比如,各类App直接向用户索取访问权限、二维码扫码注册引导消费者填入个人信息便可参加各类消费优惠、抽奖活动等;又如,支付界面插入窃取支付账号、密码等金融信息的木马程序、恶意替换二维码及收款账户等。一些不法分子利用上述惯用手法,不仅违法窃取了用户的个人基本信息,也盗用了用户的支付验证要素等个人金融信息,最终有可能会对用户的个人财产造成一定的损失。根据中国银联发布的调查显示,认为自我保护能力良好的受访者仅占所有受访者的28%,这也从侧面说明大部分消费者缺乏正确的自我保护意识,客观上加大了个人信息保护难度。

三、支付清算行业个人信息保护困境

随着《个保法》的出台,政策对个人信息保护的要求较之前已明朗许多,但徒法不足以自行,支付清算行业的企业以及从业人员如果不能及时并准确地认识目前的不足并调整业务模式,势必将无法在"《个保法》时代"跟上发展的步伐。为此,笔者通过梳理,总结了《个保法》出台后支付清算行业可能面临的风险和困境。

(一) 隐私政策虚设的风险

隐私政策是网站、平台对自身在收集、使用、分享用户个人信息行为中如何保护用户个人信息的声明、告示。② 随着互联网移动科技的快速发展,越来越多的App成为大众进行社交、购物、金融消费等场景的重要工具,在我们真正使用这些App之前,使用个人信息进行注册是必经途径。对于第三方支付类App及平台,除基本个人信息外,还可能需要公众提供自己的身份证号、银行卡号或关

---

① 范文英,赵华,杨菲,等. 电子支付中的个人信息保护问题研究 [J]. 法制博览,2021 (35):18-20.
② 马永保. 隐私政策视角下第三方支付行业用户个人信息保护 [J]. 金融科技时代,2022,30 (4):67-73.

联社交平台账号,甚至有些需要提供个人面部、声音等生物识别信息。如此一来,对于这类 App 所收集的个人信息加以保护就尤为重要。这些平台在通过用户注册前会要求签署一份"隐私协议",以往此类协议的内容,一般根据企业自身的业务实际拟定,并无统一的指导,但在《个保法》生效后,法律法规对于隐私政策所应当囊括的内容作出了更加具体的规定,除最基础的"需获得提供者的同意"外,还要求收集者在隐私政策中真实、准确、完整地向提供者告知信息处理者的基本信息、处理目的及方式、行使个人信息处分权的方式和程序。① 除此之外,针对敏感个人信息、单独同意的标准等也有更严格的要求。支付清算领域也在《中国人民银行金融消费者权益保护实施办法》中对于明示同意、隐私政策必要内容及提示注意义务进行了规定。②

虽然《个保法》及相关法规对于隐私政策作出了更细致的要求,但是在涉及公众资金的支付清算行业,仍存在着虚设的风险。首先,从隐私政策的内容来看,金融行业的隐私政策中的条款通常专业化程度较高,内容较为冗长,大多数平台用户不具备理解这些条款的专业知识,且不具备学习了解相关条款的耐心,无法对隐私政策中涉及敏感信息搜集处理等条款进行真正的单独或者书面同意。其次,部分合规程度欠佳的企业本身可能因为其逐利性,利用隐蔽的辞藻掩盖处理的目的及方法,或在允许第三方信息处理者协助处理信息时,根本未陈列处理者的来源及手段等信息。最后,从获取授权的方式来看,信息提供者难以自由地作出同意或拒绝的选择,现实中很多信息主体为了能免费获得其服务,通常会忽

---

① 《个人信息保护法》第十七条　个人信息处理者在处理个人信息前,应当以显著方式、清晰易懂的语言真实、准确、完整地向个人告知下列事项:

(一) 个人信息处理者的名称或者姓名和联系方式;

(二) 个人信息的处理目的、处理方式,处理的个人信息种类、保存期限;

(三) 个人行使本法规定权利的方式和程序;

(四) 法律、行政法规规定应当告知的其他事项。

② 《中国人民银行金融消费者权益保护实施办法》第二十九条　银行、支付机构处理消费者金融信息,应当遵循合法、正当、必要原则,经金融消费者或者其监护人明示同意,但是法律、行政法规另有规定的除外。

第三十一条　银行、支付机构应当履行《中华人民共和国消费者权益保护法》第二十九条规定的明示义务,公开收集、使用消费者金融信息的规则,明示收集、使用消费者金融信息的目的、方式和范围,并留存有关证明资料。

银行、支付机构通过格式条款取得消费者金融信息收集、使用同意的,应当在格式条款中明确收集消费者金融信息的目的、方式、内容和使用范围,并在协议中以显著方式尽可能通俗易懂地向金融消费者提示该同意的可能后果。

略个人信息的重要性，使拒绝同意变得形同虚设，[①] 这也间接促使个人信息成为某些平台用以牟取非法利益的工具。

（二）授权第三方处理时信息的匿名性要求不够细致

在实务中，信息收集平台因其自身规模大小，信息处理能力和水平各有高低。综合考量后，很多平台考虑到建立内部信息处理系统成本较高，将收集的个人信息通过授权的方式交由第三方处理。在《民法典》《个保法》中，对于信息收集者交由第三方处理个人信息作出了严格的规定，要求收集者未经信息提供者的许可，不得将未经匿名化的个人信息提供给第三方[②]，《刑法》也同样规定了对于违法出售、泄露公民个人信息的刑事处罚手段[③]。但是目前"匿名化"这一概念仅通过"经过加工，无法识别且无法复原"进行简单定义导致实践中有很多企业仅通过普通加密手段对个人信息数据进行加密，随后将这些信息提供给第三方信息处理者进行相应处理，最终导致个人信息批量泄露，造成无法挽回的损失。

（三）特殊人群监护人同意制度困境

由于信息技术的纵深发展，公众运用互联网进行学习、娱乐、社交甚至交易呈现低龄化、广泛化的特点，对特殊人群（包括未成年人和特殊行为能力人）的信息进行区分保护成为各国的立法重点议题。《个保法》对未成年人信息提供了明确的保护，要求个人信息处理者在处理不满十四周岁未成年人信息时，必须取得其父母或其他监护人的同意。但是在现实生活中，这样"一刀切"的保护方式显得有些理想主义，给支付清算行业带来较大的合规障碍。另外，在《个保法》中对于特殊行为能力人的信息权保护也未有明确规定。笔者认为，目前特殊人群信息保护存在以下困境：

1. 除未满十四周岁未成年人外特殊人群的信息权保护。未满十四周岁的未成年人因其认知能力等因素的限制，应当由监护人代为行使个人信息相关权利，这是未成年人保护的应有之义。但是在实际生活中，存在大量因其意识、行动能

[①] 李梦珂. 隐私政策视角下知情同意原则探析 [J]. 广东开放大学学报，2022，31（1）：44-48，83.

[②] 《民法典》第一千零三十八条：信息处理者不得泄露或者篡改其收集、存储的个人信息；未经自然人同意，不得向他人非法提供其个人信息，但是经过加工无法识别特定个人且不能复原的除外。

[③] 《刑法》第二百五十三条：违反国家有关规定，向他人出售或者提供公民个人信息，情节严重的，处三年以下有期徒刑或者拘役，并处或者单处罚金；情节特别严重的，处三年以上七年以下有期徒刑，并处罚金。违反国家有关规定，将在履行职责或者提供服务过程中获得的公民个人信息，出售或者提供给他人的，依照前款的规定从重处罚。窃取或者以其他方法非法获取公民个人信息的，依照第一款的规定处罚。

力不健全而导致认知不健全的人存在，如果仅以年龄作为划分依据，未将这类人划入信息权特殊保护的范畴，将可能使特殊人群的个人信息陷入风险的境地。特别在涉及支付清算业务的领域时，如果法律、法规未预设保护所有特殊人群信息权的措施时，将可能导致大量投诉积累，影响行业的进步。

2. 监护人同意的虚置。监护人同意制度已在世界范围内广泛被利用，但如果大部分监护人保护自身的信息权益尚且精力有限，在代替被监护人作出决定的场景中，监护人同意制度往往形同虚设。① 例如，在注册软件时，常常会存在未成年人绕过软件对于年龄的要求，利用成年人的信息进行注册，实际上并未获得监护人的许可的情形。此外，目前有很多 App 并未在隐私政策中明列监护人同意制度的条款，使未成年人信息保护制度落空。

四、支付清算行业个人信息保护问题对策建议

为避免陷入上述法律风险，综合本文第二、第三部分所述，虽然《个保法》的出台标志着我国个人信息保护事业进入一个全新的阶段，但是细化到支付清算行业，依旧存在着亟待解决的相关问题，笔者认为可以从以下几个角度探索解决：

（一）加强相关法律法规建设

1. 出台更具有行业针对性的下位法。支付清算业务因其特殊性，在个人信息保护领域存在一定困难：该领域所涉及的个人信息，往往存在着敏感性、复杂性、具象化性的特征，如果遭到泄露，可能会导致大范围用户的个人财产遭受不可挽回的损失，并可能像 P2P 暴雷事件一样，造成群体性事件，影响社会稳定乃至造成金融系统性风险。所以，笔者认为，虽然有诸如银行业较为成熟的业务条规已经涉及个人信息保护的内容，但支付机构在支付业务开展过程中，仍需要有立足本行业自身的健全的业务法规。故建议由业内相关监管部门出台相关下位法，针对支付清算行业全面制定关于用户个人信息保护的规定，对完善隐私政策、规范企业平台行为作出具体规定，配合《个保法》的贯彻落地。

2. 拓宽保护主体，完善对于特殊人群个人信息的保护。如第三部分所述，

---

① 何冰洁. 加强数字时代未成年人个人信息保护［N］. 人民邮电，2021-11-26（008）.

我国对于特殊人群的保护策略还不够完善。首先，针对特殊人群使用互联网科技时存在的风险，立法时应当采取引导和帮助的规则导向，而不仅仅是以堵代疏限制其使用。其次，对于特殊人群个人信息保护的主体划分，可以采取年龄+行为能力的判断标准。例如，根据《民法典》对于无限制民事行为能力人的划分标准，对这类人群提供特殊的保护。最后，应当严格执行监护人同意制度，可以适当探索监护人未履行审慎同意机制下对于未成年人的赔偿制度，换句话说，没有依照法律保护特殊人群信息安全的监护人，在造成被监护人因此遭受严重损失时，必须承担一定程度上的民事责任，以责任倒逼监护人切实履行代为同意的义务。

（二）敦促支付机构完善自身建设

制定隐私政策等完善自身信息合规建设制度是信息网络服务商自我约束的重要工具，也是网络服务提供者应对个人信息保护立法，确保其用户个人信息收集、利用行为符合法律规定的重要方式。[①] 所以，在支付清算这样涉及广大民生的重要领域，更应当敦促平台企业完善自身建设，细化和落实相关隐私政策。首先，支付机构可以加速数字化进程，建立数据合规部门，对支付机构信息合规与隐私政策等涉及个人信息保护的事项进行统筹管理，其职责包括支付机构运营过程中监督执行个人隐私保护等条款；处理用户的个人信息侵权诉讼、终止侵犯个人信息安全的活动；配合公安、检察或其他政府部门进行的检查工作或者数据处理活动。其次，建立与外部专业合规机构的合作，聘请外部法律顾问或技术人员，完善自身技术和监管方式，作为衔接公司内部和外部的桥梁纽带，同时邀请相关职能部门开展学习共建活动，以便更好地开展公司内部业务活动以及应对外部的检查工作。最后，加强企业内部信息系统防火墙建立，防范网络黑客盗取用户个人信息，危及资金安全，对于涉及刑事犯罪的违法行为，坚决打击以保护企业自身安全。

（三）加强个人信息保护意识

不法分子之所以能够窃取盗用消费者的个人信息，从侧面反映了消费者的自我保护意识不够，所以应该提供公开渠道向消费者宣传移动支付等金融知识。一方面，金融监管部门及银行和支付机构等市场主体需要深化与主流媒体、自媒体

---

① 王叶刚. 论网络隐私政策的效力——以个人信息保护为中心 [J]. 比较法研究, 2020（1）：120-134.

的合作，多渠道开展手机支付、网络信息安全等金融知识宣传活动，让消费者快速了解掌握移动支付的业务流程和风险点，增强对移动支付风险的识别判断能力，提高正确使用移动支付的意识，减少风险事件的发生。另一方面，消费者自身要提高保护意识、安全意识和维权意识，及时关注金融自身隐私权，养成良好的移动支付使用习惯。

（四）强化支付场景下的合规经营

1. 履行识别客户身份义务。依据反洗钱相关法律法规和监管规定，客户注册非银行支付服务账户时，需要主动提供客户的身份基本信息，包括姓名、国籍、性别、职业、住址或工作单位地址、联系方式以及有效身份证件的种类、号码和有效期限等，在发生法律法规或监管规定的特定情形时，还需要提供客户有效身份证件的彩色照片或影印件以供核对并留存，并且可能还需要提供其他辅助身份证明材料或者重新提供客户的身份信息；如不能提供或拒绝提供必要信息，致使无法履行反洗钱义务的，支付机构应采取限制性措施或者拒绝向客户提供支付服务。

2. 合理收集交易信息。为了履行法律法规规定的相关义务，同时为了向客户提供支付及账单查询服务，支付机构需要对交易信息进行记录和管理，即需要直接收集、记录或者通过合作方收集与客户交易相关的信息，包括交易单号、交易双方名称等信息（如收付款人姓名、昵称、备注名、头像、商家名称等）、账号信息（包括收付款支付账户账号、银行卡号、开户机构名称等）、交易金额、交易时间、商品名称、付款方式、配送信息等。这些信息属于支付核心业务必须收集的个人信息，如客户不同意对交易信息的记录，将无法完成交易，所以建议支付机构及时履行知情同意的告知义务。

3. 保护生物识别信息。为了让客户安全地使用支付服务，如客户手机与客户端软件版本支持指纹或面容验证功能，客户可以选择开通支付机构提供的指纹或面容支付功能。支付机构应保证客户录入的生物识别信息可仅保存在自己的手机上，在使用生物信息验证时支付机构可仅获取收集终端设备完成的核验结果。如客户未开通生物信息验证功能，无法使用指纹或面容支付时，支付机构应该保证提供使用输入密码等其他方式验证的功能。

4. 跨境支付的信息保护。依据相关法律法规规定，支付机构在中国境内收集到的个人信息存储于中国境内，并依法对这些信息进行严格保密。如客户使用跨境支付服务，需要向境外机构提供境内收集的个人信息时，支付机构应依据法律法规和监管部门的规定，通过协议或产品页面向客户告知境外接收方的姓名或名称、联系方式、处理目的、处理方式、涉及的个人信息种类以及向境外接收方行使合法权利的方式和程序，并取得客户的单独同意，法律规定不需要取得个人同意的除外。支付机构应采取签订协议、安全审计等必要措施，要求境外机构为所获得的客户的个人信息保密。

5. 个性化推荐与用户自决。为了提升客户使用产品的便利，获得更加丰富的服务体验，支付机构可能会对已收集的信息在去标识化处理后，经过整理、分析、加工形成群体用户画像，并通过自动化程序等方式提供用户可能感兴趣的营销活动信息、商业性电子信息或广告。但需要注意的是：如果客户不希望接收此类信息，支付机构应向客户提供按照产品页面中提示的方式关闭个性化推荐。

6. 向第三方提供和委托第三方处理个人信息。为了向客户提供服务的需要，或者履行法律法规规定的义务，或者取得了客户的同意，在若干情形下，支付机构将客户的信息共享给第三方主体，第三方往往包括支付机构的关联公司、合作金融机构、国家机关以及业务合作伙伴。在将信息共享给第三方前，支付机构应依据法律法规的规定进行评估，通过与第三方签订法律文件、采取必要的安全措施等方式以保障客户的个人信息的安全，并要求第三方合法合规地处理个人信息。同时，需要取得客户同意的，支付机构应按规定进行告知并以点击确认协议、具体场景下的点击确认动作等方式征求客户的同意。由于部分支付机构的技术实力有限，支付机构委托第三方供应商提供数据技术支持的委托行为较为常见，在委托过程中，支付机构需要与受托方签订数据处理委托合同，明确"委托处理的目的、期限、处理方式、个人信息的种类、保护措施"等事项，特别注意数据处理完成或撤销委托后个人信息及处理结果的安全处置。

综上所述，《个保法》的出台将成为支付清算行业关于个人信息保护的一把新标尺，支付机构应当重视个人信息保护工作，依据《个保法》对企业管理和业务流程进行相应的调整和规范。同时，在移动支付盛行的大环境下，承担应有的社会责任，加强面向社会的金融知识普及，不断提高消费者个人信息保护的意识以此来促使自身进行良性循环。未来，支付机构仍须从法律法规、流程优化、内控审计、技术迭代等不同层面出发，合理使用个人信息，持续减少企业及个人因此造成的财产损失风险，积极以市场重要参与主体的身份，全力促进支付清算行业健康、有序的高质量发展。

金融服务

对已故存款人存款查询与提取的思考与建议

文/金晓灵*

摘要： 2022年1月,"老两口挨个银行找已故独子存款"被社会广泛关注,再次引发对现行"已故存款人存款查询"政策的诟病以及对已故存款人亲属的同情。本文通过研究我国已故存款人存款查询与提取的现实需求,梳理已故存款人存款查询与提取政策落实情况,探讨政策落实过程中存在的业务流程烦琐、跨行查询困难、查询范围过窄、提现限额过低等问题,剖析跨行查询难以实现、社会期望不断提高、法律风险亟待关注、客户信息不对称等原因,寻求证明事项告知承诺制、实现存款跨行查询、打造"查+提"一体化、提高存款提现限额等措施,进一步畅通为民服务便利化渠道,有效提升人民群众的获得感、幸福感。

关键词： 已故存款人　存款查询　存款提取

一、已故存款人存款查询与提取的现实需求

（一）我国年度死亡人口超千万

国家统计局发布的经济数据显示,2021年我国死亡人口1014万人,人口死亡率为0.718‰,死亡人口近年来首次超过1000万人;60岁及以上人口2.67亿人,占全国总人口的18.9%,其中65岁及以上人口2.01亿人,占全国总人口的14.2%,我国人口老龄化日益加重,未来死亡人口数量仍将保持增长趋势。

---

* 作者单位：龙江银行股份有限公司。

（二）我国个人银行账户普及率较高

人民银行2021年第三季度支付体系运行总体情况显示，全国共开立个人银行账户132.99亿户，人均持有银行账户9.42户，全国共开立银行卡91.83亿张，人均持有银行卡6.50张。2018年，人民银行和世界银行集团联合发布中国普惠金融报告，指出中国成年人账户拥有率超过90%。

（三）已故存款人账户近亿户

目前我国年度死亡人口超千万，并且死亡人口数量仍持续增长；个人银行账户普及率较高，人均账户超过9户、银行卡超过6张，账户拥有率远超九成。按照死亡人口1014万人、人均银行账户9.42户、人均银行卡6.50张，推算全国已故存款人账户9551.88万户、银行卡6591万张，已故存款人存款查询与提取需求巨大。

二、相关政策措施落实情况

（一）简化已故存款人存款查询事项

2019年4月4日发布的《中国银保监会办公厅　司法部办公厅关于简化查询已故存款人存款相关事项的通知》（银保监办发〔2019〕107号），明确已故存款人的配偶、父母、子女凭已故存款人死亡证明、可表明亲属关系的文件以及本人有效身份证件，可向存款所在银行业金融机构提交书面申请，办理存款查询业务。

（二）简化已故存款人存款提取事宜

2021年1月28日发布的《中国银保监会办公厅　中国人民银行办公厅关于简化提取已故存款人小额存款相关事宜的通知》（银保监办发〔2021〕18号），明确已故存款人银行账户余额合计不超过1万元人民币（银行业金融机构可上调，但最高不超过5万元人民币），可凭死亡证明、能够证明亲属关系的材料、身份证件、承诺书提取已故存款人存款。

（三）针对已故存款人查询与提现业务更加人性化

部分银行完善已故存款人查询与提现业务内部管理措施，要求银行工作人员第一时间启动应急预案、开辟绿色通道，帮助已故存款人亲属或继承人在最短时间内备齐材料，力争在合规的情况下尽可能服务到位。在规定允许的条件下，部分银行通过引导继承人查询已故存款人手机银行 App、微信转账记录等方式对继承人进行提示，充分展现人性化关怀。

（四）监管措施推动"已故存款人存款提现"政策落地

在打击治理电信网络诈骗、跨境赌博的背景下，人民银行加强"一人多户"排查工作，打击不法分子利用虚开账户为违法犯罪活动提供结算便利行为。在此情况下，部分银行在银行账户排查与核实中，发现部分存款人已经死亡，与其家属联系并告知相应情况，并协助家属或继承人备齐已故存款人存款提现材料，提现后对相应账户进行销户处理，最大限度简化已故存款人存款的提取手续。

三、政策落实中存在的问题

（一）已故存款人存款查询业务流程烦琐

部分银行尚未形成已故存款人存款查询业务标准化服务，因此造成部分网点要求客户查询已故存款人存款需要公证机构查询函，并且查询函办理程序相对复杂，客户在办理过程中耗时费力。目前适老化服务在各领域推进，面对已故存款人父母等老年人，现行纸质材料要求仍会造成漏带、错拿、忘填等情况。

（二）已故存款人存款跨行查询困难

在客户办理已故存款人存款查询时，需要配偶、父母、子女凭借已故存款人死亡证明、可表明亲属关系的文件以及本人有效身份证件或者司法部门出具的协查函，到各家银行查询存款情况，相对耗时费力，给百姓带来诸多不便。目前全国银行机构超 4000 家，已故存款人存款查询只能按照法人进行逐家银行办理，如果已故存款人跨地域办理了存款业务，可能造成已故存款人亲属漏查询情况。因此，已故存款人存款跨行查询受限，导致无法实现查询全覆盖。

（三）已故存款人存款查询范围过窄

《中国银保监会办公厅 中国人民银行办公厅关于简化提取已故存款人小额存款相关事宜的通知》仅覆盖到银行的存款余额。在生产生活中，人民财产日趋多元化，银行资产由单一存款向理财、贵金属、基金等多元化转变，现行查询制度严重限制了查询范围，不利于死者亲属或继承人深入了解死者在银行的资产情况，无法全面梳理或评估死者财产。

（四）已故存款人存款提取业务流程烦琐

在客户办理已故存款人存款提取时，账户余额合计不超过1万元人民币的，则需要配偶、父母、子女凭借能够证明已故存款人死亡事实的材料、能够证明亲属关系的材料、申请人有效身份证件、申请人亲笔签名承诺书办理已故存款人存款提取业务。已故存款人存款提取业务比查询业务所需材料还多，并且如果账户余额超过1万元，存款提取所需材料更多，需要出具公证材料，公证处则需要相关继承人放弃或丧失继承权证明等材料。

（五）已故存款人存款提现限额过低

《中国银保监会办公厅 中国人民银行办公厅关于简化提取已故存款人小额存款相关事宜的通知》要求已故存款人银行账户余额合计不超过1万元人民币（银行业金融机构可上调，但最高不超过5万元人民币）应简化提取手续及流程。目前大部分个人丧葬费都超过1万元人民币，并且这笔资金会存入已故存款人银行账户，因此1万元限额过低。同时部分银行政策宣贯不到位，仍未按照简化提取已故存款人小额存款最新要求执行。

四、存在问题的原因分析

（一）银行账户信息跨行查询尚未完全联网开通

在推进国家治理体系和治理能力现代化的总体要求下，全国各地加快推进"互联网+政务服务"，交通、医疗、社保等各方面均可以在线办理，极大便利了百姓日常生活，也让人民对相关服务有了更高的期待。以已故存款人存款查询与提取为例，死亡证明、申请人身份证信息、亲属关系证明均可以通过银行与公安信息联通来实现。但目前由于存款人信息保护、商业秘密保护、银行系统独立等原因，银行间账户存款信息暂未实现联网共享，相关各方均难以跨行查询到已故存款人存款余额。除非已故存款人生前将银行账户绑定到云闪付 App 等银行业 App 中，相关继承人才能通过电子渠道查询到相应存款余额，否则在现行条件下，客户无法通过银行实现已故存款人存款跨行查询。

（二）银行单方简化已故存款人存款查询、提现流程存在法律风险

在办理已故存款人存款查询、提现时，面对弱势群体或年长者，银行工作人

员对其关怀备至，希望尽快为其办理业务。但目前对于人民财产保护的制度健全、法律规定明确，要求在存款继承权发生争执时，由人民法院判处；储蓄机构凭人民法院的判决书、裁定书或调解书办理过户或支付手续。银行不能单方简化或省略已故存款人存款查询、提现流程，必须要通过办理继承手续，出具上述规定的四类凭证之一，才能办理已故存款人存款提取业务，否则银行将面临诉讼风险。

（三）部分银行客户尚未掌握更为便捷的查询方式

银行为推动金融服务智能化发展，基本均已开通网银、手机银行等现代电子金融服务方式，并且实现银行手机 App 跨行绑定银行卡的功能；同时中国银联与银行业金融机构联合推动银行卡联网通用，在云闪付 App 中可以实现大部分银行所发行银行卡的绑定，并可以查询银行账户存款余额。客户对此类信息掌握不足、不够，以及银行宣传力度不大，在一定程度上造成了问题。

五、简化已故存款人存款查询、提取的建议

（一）在已故存款人存款查询业务中试行证明事项告知承诺制

2019 年发布的《中国银保监会办公厅　司法部办公厅关于简化查询已故存款人存款相关事项的通知》明确了查询已故存款人存款余额不再需要公证，但仍需提供亲属关系证明、银行机构书面申请等材料。可适当考虑将亲属关系证明、死亡证明等证明材料，通过承诺书方式予以替代，不断完善银行与公安机关的信息交互，基于联网核查公民身份信息系统实现银行通过公安信息认定亲属关系、确认死亡人口信息等，有效简化相关业务流程。

（二）尽快解决已故存款人存款跨行查询问题

以跨行支付清算平台为抓手，在现行法律规定允许范围内，鼓励中国银联等清算机构与银行业金融机构在现有银行业统一 App 的基础上，将"一键查卡"功能试点地区范围扩大，同时不断拓展更多银行接入，帮助查询个人名下银行卡信息。基于此项功能，银行可以协助已故存款人亲属完成已故存款人银行卡存款信息查询。

（三）司法与金融联合实现已故存款人"查+提"一体化

已故存款人存款查询的目的就在于提取相应存款。《金融机构协助查询、冻

结、扣划工作管理规定》明确仅人民法院、税务机关、海关具有查询、冻结、扣划三项权力。为满足百姓现实需求及愿望，提升工作效率、确保措施落地可行，发挥人民法院查询、冻结、扣划个人银行账户存款的司法权力，建议司法部门集中受理已故存款人存款查询及提取业务，银行应协助法院完成相关工作。

（四）进一步简化已故存款人小额存款免公证提取流程并提高限额

已故存款人小额存款提取流程由原先"继承公证＋银行审核"简化为仅由银行进行审查，在控制风险的前提下，可以提高办事效率，节省公证费用支出，使群众获得实实在在的便利。公安与银行间应加强信息共享，实现身份、户籍、婚姻等信息的在线核实，减少证明文件、简化办理程序。同时明确将小额存款免公证提现金额调高到5万元，各地也可根据经济发展的实际情况适度调整，让百姓切实享受到便利。

金融工具

加快推动票据业务服务规模以上工业企业发展的建议

文/肖小和　李紫薇[*]

摘要： 2022年上半年，我国国内生产总值达到56.3万亿元，按不变价格计算，较上年同期增长2.5%，其中工业增加值19.4万亿元，同比增长3.4%，高于GDP增长0.9个百分点，占GDP比重达到34.5%。由此可见，推动国内经济增长关键在于推动工业企业发展。本文主要考察规模以上工业企业，通过分析2021年营业收入及应收账款情况，提出加快规模以上工业企业票据业务发展，通过票据逐步解决工业企业应收账款高企问题。

关键词： 工业企业　应收账款　票据

一、规模以上工业企业在国民经济中的地位作用

（一）规模以上工业企业的地位及作用

工业是立国之本、兴国之器、强国之基、富国之源，是国民经济的主导产业，也是技术创新的重要载体。综观世界经济强国发展，工业无不起着重要的支撑作用。2022年上半年，面对国内外较为严峻的经济形势，我国工业经济发展表现出强大的韧性，总体呈现出企稳回升的态势，持续发挥着宏观经济"压舱石"作用。从经济贡献来看，2022年上半年，工业增加值占GDP比重达到34.5%，较2021年提升1.9个百分点；从投资贡献来看，2022年第二季度制造业投资增长7.4%，高于固定资产投资增幅3.2个百分点，体现出了重要的拉动

---

[*] 作者单位：江财九银票据研究院。

作用。

(二) 规模以上工业企业经营现状分析

2021年，规模以上工业企业营业收入合计127.9万亿元，同比增长20.5%，累计实现利润总额8.9万亿元，同比增长35.0%。随着信息技术的进步及产业革命的发展，电子信息产业表现出了强劲的发展动能，2021年全年计算机、通信和其他电子设备工业营业收入达14.1万亿元，占规模以上工业企业应收总额的11.0%，共实现利润0.82万亿元，占比达到了9.5%。然而，在工业企业迅速发展的同时，隐藏在背后的应收账款淤积问题同样不容忽视。国家统计局数据显示，2021年我国规模以上工业企业应收账款总计18.9万亿元，同比增长15.0%，占营业收入比重达14.8%，占流动资产比重为26.1%。

分行业来看，在全部41个工业大类别中，开采专业及辅助性活动，印刷和记录媒介复制业等15个行业该比率超过全国平均水平，反映出此类行业在销售过程中赊销过多，企业议价能力不强，在销售过程中处于弱势地位。就应收账款占流动资产比重而言，印刷和记录媒介复制业、橡胶和塑料品工业等10个行业突破了30%的危险线，其中，非金属矿物制品业和计算机、通信和其他电子设备工业分别达到37.5%和35.8%，企业财务流动性值得关注。就应收账款净额而言，计算机、通信和其他电子设备制造业（3.4万亿元）、电气机械和器材制造业（2.0万亿元）、非金属矿物制品业（1.5万亿元）、汽车制造业（1.5万亿元）、电力、热力生产和供应业（1.1万亿元）、通用设备制造业（1.1万亿元）、专用设备制造业（1.0万亿元）这7个行业应收账款超过1万亿元，过高的应收账款延长了企业回款周期，降低了经营活动现金流可获得性，增加了企业坏账损失的概率，可能造成企业流动性紧张，制约企业正常生产经营（见表1）。

表1　　　　2021年分行业规模以上工业企业应收账款及营业收入情况　　　单位：亿元

行业	营业收入	应收账款	应收账款/营业收入	流动资产合计	应收账款/流动资产
全国总计	1279226.5	188730.0	14.8%	723908.9	26.1%
煤炭开采和洗选业	32896.6	4313.7	13.1%	31153.2	13.8%
石油和天然气开采业	9112.3	587.1	6.4%	3514.1	16.7%
黑色金属矿采选业	5820.7	573.9	9.9%	3785.2	15.2%
有色金属矿采选业	3093.6	296.8	9.6%	2140.3	13.9%
非金属矿采选业	4065.6	499.1	12.3%	2725.6	18.3%

续表

行业	营业收入	应收账款	应收账款/营业收入	流动资产合计	应收账款/流动资产
开采专业及辅助性活动	2048.1	387.0	18.9%	1639.9	23.6%
其他采矿业	11.8	1.0	8.5%	3.9	25.6%
农副食品加工业	54107.6	3251.2	6.0%	19816.9	16.4%
食品工业	21268.1	2090.9	9.8%	10303.1	20.3%
酒、饮料和精制茶工业	16034.0	1117.1	7.0%	11802.8	9.5%
烟草制品业	12131.5	308.3	2.5%	8351.8	3.7%
纺织业	25714.2	2904.4	11.3%	12318.7	23.6%
纺织服装、服饰业	14823.4	1833.5	12.4%	7037.6	26.1%
皮革、毛皮、羽毛及其制品和工业	11057.2	1069.8	9.7%	4073.1	26.3%
木材加工和木、竹、藤、棕草制品业	9655.5	956.6	9.9%	3317.4	28.8%
家具工业	8004.6	1139.3	14.2%	4123.5	27.6%
造纸和纸制品业	15006.2	1933.4	12.9%	8223.1	23.5%
印刷和记录媒介复制业	7442.3	1169.7	15.7%	3867.8	30.2%
文教、工美、体育和娱乐用品工业	14364.3	1309.2	9.1%	6168.9	21.2%
石油、煤炭及其他燃料加工业	55398.0	2092.5	3.8%	19203.6	10.9%
化学原料和化学制品工业	82958.9	8595.7	10.4%	41222.7	20.9%
医药工业	29288.5	5218.3	17.8%	25680.8	20.3%
化学纤维工业	10262.8	662.9	6.5%	4471.5	14.8%
橡胶和塑料品工业	28996.4	4985.9	17.2%	15805.6	31.5%
非金属矿物制品业	66217.7	15200.4	23.0%	40501.7	37.5%
黑色金属冶炼和压延加工业	96662.3	3147.5	3.3%	31875.2	9.9%
有色金属冶炼和压延加工业	70052.9	4133.1	5.9%	23770.4	17.4%
金属制品业	46835.4	7611.9	16.3%	23576.8	32.3%
通用设备工业	47010.6	11265.6	24.0%	35975.9	31.3%
专用设备工业	36563.5	10158.9	27.8%	34339.0	29.6%
汽车工业	86706.2	15029.3	17.3%	53162.2	28.3%
铁路、船舶、航空航天和其他运输设备工业	13094.1	3434.4	26.2%	12243.8	28.1%
电气机械和器材工业	85320.2	20306.1	23.8%	60217.8	33.7%
计算机、通信和其他电子设备工业	141285.3	34059.6	24.1%	95152.5	35.8%

续表

行业	营业收入	应收账款	应收账款/营业收入	流动资产合计	应收账款/流动资产
仪器仪表工业	9101.4	2602.4	28.6%	8557.8	30.4%
其他工业	1956.8	267.5	13.7%	958.8	27.9%
废弃资源综合利用业	9080.7	618.3	6.8%	2529.9	24.4%
金属制品、机械和设备修理业	1484.4	409.4	27.6%	1357.0	30.2%
电力、热力生产和供应业	78502.7	11310.9	14.4%	37012.6	30.6%
燃气生产和供应业	11792.4	925.9	7.9%	5206.3	17.8%
水的生产和供应业	3997.5	951.9	23.8%	6720.0	14.2%

数据来源：国家统计局. 2022 中国统计摘要 [M]. 北京：中国统计出版社, 2022：121 – 122.

分区域来看，在全国 31 个省份中，北京、山西等 11 个省份应收账款占营业收入比重超过全国平均水平。就应收账款占流动资产比重而言，江苏、安徽、湖南、重庆 4 个省市该比例超过 30% 的危险水平，区域工业企业流动性值得关注。就应收账款净额而言，江苏、浙江、山东、广东 4 个省应收账款净额超过 1 万亿元，江苏、浙江、山东、广东地处东南沿海地区，工业较为发达，工业体量大，使应收账款规模整体偏高，压缩应收账款势在必行（见表 2）。

表2　　　　2021 年分区域规模以上工业企业应收账款及营业收入情况　　　单位：亿元

地区	营业收入	应收账款	应收账款/营业收入	流动资产合计	应收账款/流动资产
全国总计	1279226.5	188730.0	14.8%	723908.9	26.1%
北京	28054.0	4717.7	16.8%	24700.9	19.1%
天津	22571.2	3161.4	14.0%	11576.8	27.3%
河北	52125.4	6248.6	12.0%	27205.2	23.0%
山西	32396.2	5327.8	16.4%	26513.2	20.1%
内蒙古	23947.1	2741.2	11.4%	13768.9	19.9%
辽宁	35214.2	4472.1	12.7%	21287.0	21.0%
吉林	14058.0	1729.0	12.3%	8445.4	20.5%
黑龙江	11253.1	1618.2	14.4%	8061.1	20.1%
上海	44173.0	8255.5	18.7%	30418.6	27.1%
江苏	149920.7	29636.1	19.8%	90383.5	32.8%
浙江	97967.6	18492.0	18.9%	62607.5	29.5%
安徽	44775.9	8265.0	18.5%	26305.7	31.4%
福建	64743.0	5753.4	8.9%	23691.0	24.3%
江西	43976.7	4238.9	9.6%	15472.9	27.4%

续表

地区	营业收入	应收账款	应收账款/营业收入	流动资产合计	应收账款/流动资产
山东	102271.5	12573.7	12.3%	58778.9	21.4%
河南	54006.4	6149.5	11.4%	26201.8	23.5%
湖北	49215.7	5458.3	11.1%	22506.8	24.3%
湖南	42763.3	4724.7	11.0%	15389.8	30.7%
广东	169785.1	28748.0	16.9%	102873.7	27.9%
广西	21911.1	2696.9	12.3%	11322.4	23.8%
海南	2625.7	361.1	13.8%	1789.1	20.2%
重庆	27118.9	4095.0	15.1%	12872.2	31.8%
四川	52583.4	6913.5	13.1%	25846.1	26.7%
贵州	9712.5	1374.2	14.1%	7081.7	19.4%
云南	17359.5	1849.1	10.7%	9518.8	19.4%
西藏	401.7	88.2	22.0%	487.7	18.1%
陕西	29585.6	4073.5	13.8%	17900.9	22.8%
甘肃	9601.7	1211.0	12.6%	4953.1	24.4%
青海	3186.7	627.4	19.7%	2200.7	28.5%
宁夏	6491.2	959.2	14.8%	4042.7	23.7%
新疆	15430.4	2170.1	14.1%	9704.8	22.4%

数据来源：国家统计局.2022中国统计摘要［M］.北京：中国统计出版社，2022：123-124.

二、票据特点及服务优势

票据是集支付、结算、融资、投资、交易、调控等功能于一体的金融工具，在促进实体经济发展、传导货币政策等方面发挥着不可替代的作用。票据因信用而存在，其本质为根植于商品贸易活动中的商业信用，良好的信用环境是票据市场发展的信用保障；票据因支付而发生，企业之间往来活动产生的支付结算需求则为票据流通的原生动力，是票据全生命周期的开端；票据因融资而发展，票据融资是提高行业效率的有效途径，是最切合目前企业信用实际的短期融资工具；票据因创新而繁荣，通过制度创新，推动支付便捷化、短贷票据化发展，依托科技创新，推动类债券和类证券化探索；票据因服务实体经济具有无限发展空间，支持实体经济发展历来都是票据市场发展的重点所在。票据产品体系丰富，不仅包含承兑、贴现、转贴现、再贴现等传统业务，还包括秒贴、票据池、票付通、贴现通、供应链票据等创新型票据产品，产品体系基本涵盖票据全生命周期业务，具有较强的灵活性与可选择性，能较好地匹配工业企业生产运营特点。

三、加快规模以上工业企业发展与推动票据业务发展的建议

（一）票据是服务规模以上工业企业短期融资理想工具之一

受企业规模、治理结构等因素限制，工业企业有许多企业难以通过股票、债券、银行贷款等方式获得资金，票据市场具有准入门槛低、期限短、流动性强、操作便捷灵活等优势，是企业获得短期资金的重要来源。与流动资金贷款业务相比，票据业务优势明显：一是票据贴现利率总体低于流动资金贷款利率，通过票据融资可以降低企业融资成本；二是相较于流动资金贷款而言，电子票据项下业务办理更加高效便捷，有利于节约时间成本，加快企业资金回笼速度；三是票据业务准入门槛较低，能更好地覆盖中小微企业，促进企业资金融通，其可追索性及可背书流转性能够串联企业信用，实现信用增级的效果，是企业重要的短期融资工具；四是票据市场法治基础良好，基础设施较为完善，尤其是随着上海票交所供应链票据平台及新一代票据业务系统上线，票据的可拆分流转和组包成为可能，极大地提高了企业票据支付与流转的便利性。

（二）加快推动规模以上工业企业票据承兑、贴现等业务发展

工业企业具有较强的辐射性，是新产品新模式创新的载体。工业涉及生产、销售、回款等多个环节，研发、生产周期普遍偏长，账期不匹配造成资金短缺是工业企业存在的普遍问题。金融机构可结合工业企业各子行业发展阶段和特点，有针对性地将票据承兑业务嵌入工业企业生产经营，提高工业企业票据使用率，以票据资产缓解企业日常生产经营过程中面临的流动资金不足的窘境。近年来，各金融机构及第三方平台相继上线票据秒贴、急速贴现产品，科技力量赋能提升贴现放款效率，优化企业用票体验。贴现作为金融机构为企业提供流动性、支持实体经济成本较低、最为直接的融资方式之一，可在风险可控的前提下，将更多的资金规模配置在工业企业贴现业务中。对于符合政策支持要求的工业企业票据，可向央行申请再贴现，以低成本资金支持工业企业发展。

（三）推动规模以上工业企业供应链产业链票据发展

2020年4月24日，上海票据交易所供应链票据平台正式上线运行，供应链

票据平台依托电子商业汇票系统，与供应链金融平台对接，为企业提供电子商业汇票的签发、承兑、背书、到期处理、信息服务等功能。供应链票据平台实现了票据可拆分化，一方面，企业可以根据实际支付结算需求，对票据进行拆分和重新组包处理，解决了工业企业间票面金额与支付金额不匹配的痛点，极大地提高了企业票据支付与流转的便利性；另一方面，企业可以通过贴现或标准化票据进行融资，以低成本利率实现资金快速回笼。开展规模以上工业企业供应链票据业务，可以带动上下游企业信用传递，实现宽货币到宽信用的转化，通过票据轧清上下游企业应收、应付账款，盘活工业企业应收账款，缓解企业在生产发展过程中面临的资金问题。

（四）推动规模以上工业企业票据创新产品运用

票据兼具信贷与资金双重属性，功能作用多样，业务品种丰富。随着票据市场的不断发展，票据创新不断深化，尤其是在上海票交所成立以后，相继推出票付通、贴现通、标准化票据、供应链票据等创新产品，商业银行也在传统的承兑、贴现、转贴现等业务基础上，创新性地推出区块链票据、票据池、绿色票据、线上贴现等创新型票据业务产品，票据服务实体经济的深度和广度得到了提升。票据创新产品的发展也为金融机构票据业务全生命周期管理提供了抓手。近年来，各大金融机构开始重视票据全生命周期管理，开发票据全生命周期业务及服务，瞄准企业发展难点、痛点，通过票据产品组合拳的方式为实体经济提供综合性的资金解决方案。推动工业票据业务发展可以金融机构全生命周期票据业务发展为契机，以票据创新产品为切入点，由点及面推动行业票据业务发展，借助金融机构专业化业务团队，打造专属票据融资服务，通过低成本票据资金推动工业升级转型发展。

（五）在规模以上工业企业推动商业承兑汇票业务

近年来，供应链票据、标准化票据的发展给商业承兑汇票发展提供了机遇，随着商业汇票信息披露系统上线，票据市场对于商业承兑汇票的管理也在不断丰富与完善。推动工业票据业务发展，可以考虑加大工业企业商业承兑汇票发展力度，完善商业承兑汇票担保机制，建立商业承兑汇票担保或风险基金，推动保险增信、担保增信等发展；可考虑加强与各地征信平台合作，为工业企业尤其是工业企业票据业务发展提供数据化支持，以缓解票据发展过程中的信息不对称问题，优化企业信用发展环境；可考虑推动商业承兑汇票信用评级体系建设，组建票据信用评级机构，为承兑与贴现主体提供全方位、动态化的票据信用评级与追踪服务；可以考虑与银行、保险等金融机构展开合作，开展票据保兑、保贴、担保等业务，以提升商业承兑汇票的市场认可度，多方联动共同推动工业商业承兑汇票发展；可以考虑探索商业承兑汇票平台建设，专注于商业承兑汇票承兑、贴现市场发展，通过统一的信用平台建设，引导企业更多地将商业承兑汇票应用于生产经营活动，通过平台票据流转，实现商业承兑汇票的闭环运行，提高工业企业运行效率。

（六）推动规模以上企业应收账款票据化业务

工业涉及生产、销售、回款等多个环节，账期不匹配造成的资金短缺问题普遍存在。票据作为重要的信用工具，在化解应收账款方面具有得天独厚的优势，改革开放后票据解决"三角债"问题、化解企业间货款拖欠的历史表明，票据在解决企业间货款拖欠、支付结算方面具有一定的适用性与优越性。一方面，票据具有固定的账期，具有到期无条件付款的特性，为企业回款提供了保障；另一方面，票据融资成本低、流动性强，可成为企业应收账款的重要替代工具。作为重要的支付融资工具，电子票据的互联网属性使其货币化支付功能得以实现，供应链票据的发展实现了票据的可拆分流转，解决了工业企业间票面金额与支付金额不匹配的痛点，便利了企业间货款支付结算需求。推动规模以上工业企业票据业务发展，可以以应收账款票据化为抓手，拓宽应收账款票据化发展的力度与广度，化解企业呆滞的账面资金为票据信用资金，缓解企业资金困境，加速企业生产运营。

（七）在规模以上工业企业重点地区发展应收账款票据化

规模以上工业企业应收账款呈现出区域性分布的特征，在全国31个省份中，江苏、广东、浙江、山东、安徽、上海这6个省份规模以上工业企业应收账款占比超过全国总额的50%，这些地区地处东南沿海，贸易发达，工业化程度高，工业总产值大，由此导致应收账款总量高企。尽管这些省份票据业务发展速度较快，票据业务总量较高，但相较于应收账款而言，票据业务发展力度仍显不足。近年来，浙江、江西、山东、河南、黑龙江、深圳、合肥、南京等地推行链长制，促进产业链供应链协同发展，助力实体经济做大做强。链长制通过主要领导挂帅，统筹内外部资源，聚焦产业链薄弱环节重点突破、精准施策，加快产业链上下游、产业供销、大中小企业协同，推动区域产业链高质量发展。规模以上工业企业可以抓住链长制发展机遇，利用各地区链长制政策优势，牵头推动票据上链、强链，充分利用好票据这一金融工具，盘活规模以上工业企业应收账款，从而达到推动规模以上工业企业高质量发展，助力区域经济繁荣的目标。

（八）推动规模以上工业企业票据数字化发展

票据数字化是将票据信息、票据信用信息通过科技化手段实现信息化、规范化、标准化、法制化进而可交易化以及通过科技化手段实现科技与票据数字融合，更好地服务经济金融。数字票据除了介质层面的纸质票据电子化、电子票据、区块链票据和智能票据等，还包含基础设施层面参与主体的科技赋能，以及实体经济、金融行业、社会等应用层面的应用。随着新一轮科技变革及产业革命的发展，工业与新兴技术的融合发展进一步提速，这为工业票据数字化发展带来了契机。推动工业票据数字化发展要与时俱进推动转型，进一步明确转型目标和任务，积极发挥科技的功能作用，夯实票据数字转型基础，探索票据数字化转型机制，加强票据数字与经济产业融合，加强票据数字化转型的创新模式业务产品研究，强化票据数字化转型的风险管理，通过票据数字化发展带动工业转型升级，拉动工业全要素生产率提升，促进工业内部优化创新，进而推动国民经济高质量发展。

（九）加强规模以上工业企业票据业务风险防范

风险是未来损失的不确定性，只要经营票据业务，就一定存在风险。对于票据监管机构而言，应进一步健全票据市场风险监测体系，加强风险识别、分析与评估，完善风险监测指标，强化监测结果运用，借助区块链、大数据、人工智能、虚拟现实等金融科技手段进行票据全生命周期风险管理，优化风险检测模型，建立事前、事中、事后全方位的风险应急处置体系；应进一步推动商业汇票信息披露准、快、全发展，通过信息披露的方式降低票据市场风险水平。对于金融机构而言，在推动工业票据业务发展的过程中，需要进一步根除"重盈利、轻风险""重指标、轻管理"的经营管理理念，树立合理审慎的经营理念，推动过程化与精细化管理。金融机构需要进一步加强风险管理，将风险防范落到实处。在办理工业票据业务时，应该充分审查贸易背景真实性，严格按照制度规定办理票据业务，严格把控操作风险关口；做好规模以上签发主体商业承兑汇票评级工作，建立白名单管理制度，严格控制风险敞口，严防部分企业过度签发带来的兑付风险。对于企业而言，要增强自身责任意识，不主动签发伪假票据，强化风险防范意识，加大内部控制力度。对于企业财务人员而言，应加强专业知识学习，掌握常见票据风险形式，加大外部票据的审查力度，提高外部票据的鉴别能力。

银行移动支付发展策略

——消费心理学考量

文/石宝臣 娄 辉[*]

摘要： 近年来，移动支付作为新兴电子支付方式以其快捷方便的特点捕获了大众消费心理，并深刻改变了大众的支付习惯。银行作为重要的支付服务主体，移动支付业务面临着起步较晚、市场份额不高的问题。本文针对银行机构移动支付面临的挑战，结合消费者的消费心理和消费行为，提出银行移动支付业务的发展策略。

关键词： 银行 移动支付 策略

一、银行移动支付发展现状

进入21世纪后，智能移动终端快速普及，第三方支付平台发展迅猛，其高效的支付效率和方便快捷的特点吸引了大批的客户。而商业银行移动支付业务的发展起步较晚，发展相对较慢，各类资金也被分流到了不同渠道，相应的银行资源减少，市场竞争激烈。从近年来的数据分析看，商业银行的移动支付业务明显处于劣势，虽然在支付金额上超过了非银行支付机构（转账有限额），但在使用频度上与非银行支付机构还存在数倍差距。非银行支付机构在培养消费者的支付习惯后，发力商场、超市、餐饮、百货等传统银行受理终端覆盖的领域，商业银行与非银行支付机构在移动支付市场中的争夺更加激烈。各家商业银行都在积极拓展移动支付业务，积极与商家、移动运营商、互联网公司合作，陆续推出聚合支付产品，旨在抢夺更多场景的移动支付份额，进入被第三方支付率先占领的生

---

[*] 作者单位：中国人民银行朝阳市中心支行。

活消费场景。

二、银行移动支付业务存在的问题

(一) 业务模式定位不清

移动支付作为支付领域新兴业态，发展速度是突飞猛进的，其发展潜力和发展价值也是吸引各方参与的主要原因。但因移动支付存在的周期并不长，加上商业银行移动支付业务布局滞后，导致银行无法有效地分析当前移动支付发展的业务形式，不能进行准确的市场定位，导致各参与主体各自为政，难以形成合力，不利于银行移动支付业务的长远发展。

(二) 业务种类同质化，产品功能单一

从目前各大商业银行的移动支付业务看，因金融产品具有复制性强的特点，导致银行移动支付业务同质化比较严重，业务开展的模式比较单一。各大银行的产品相似度很高，基本都是相互模仿借鉴，没有根据银行自身的发展特色来挖掘移动支付业务，如果不能开发出差异化的产品，就会造成不良竞争，严重制约商业银行移动支付业务的发展。

(三) 技术创新滞后，营销能力不足

相对于第三方支付机构，银行决策链条过长，从产品构想、方案审批、产品研发直至市场推广，周期较为漫长，导致银行不能根据客户的需求来设计差异化的产品，产品灵活性不强，产品创新速度慢，投放市场时间长，从而不能及时有效地满足市场需求，在一定程度上限制了移动支付创新发展。而在大数据应用分析方面的不足，就无法精准地把握用户消费习惯、潮流方向，在适当的时机推出适合的产品，在吸引和增加客户群体上失去了先机。

(四) 应用场景少，客户体验不佳

银行线上场景设计应用对用户吸引度不高，没有形成一个有机整体，只是从形式上增加各种场景内容，且其引入的线上场景普遍存在用户使用频率低、关联度不高、场景操作不方便等问题。商业银行出于安全性的考虑，对支付业务处理增加了很多安全保障措施。这样就增加了支付的流程，使其操作上相对烦琐，促使客户更加倾向于操作简单的第三方支付平台，客户在银行移动支付上得不到良

好的用户体验。

三、基于消费心理和消费行为的原因分析

消费心理是消费者在处理消费活动时选择、使用、评估和处理与自身满足相关的心理活动，而消费心理又会影响消费行为。在竞争日益激烈的银行业之间，"以客户为中心"成为各家银行提出和实践的经营管理理念，以往针对产品的创新也转向针对消费者的创新，支付结算服务发展到移动支付时代，消费者心理也有新变化，在选择特定消费方式过程中会比较新的支付方式能否比传统支付方式带来更大的效用，同时也在预期选择了该方式需要付出多大的代价和风险，并最终决定使用适合自己的方式。常见的消费心理影响了客户选择银行移动支付业务。

（一）求利心理决定客户不愿接受额外资金成本

目前，银行移动收单产品多采用逐笔扣费的方式进行收费。在农贸市场、公共交通、零售商店、出租车等消费金额较小、消费频率较高的领域，经营者单笔盈利不高，主要依靠走量的方式产生利润。这样的扣费方式会给经营者造成较高的手续费支出，经营者不愿接受。

（二）求便心理决定客户不愿花费更多时间成本

在选择移动支付时，第三方支付只需注册后绑定银行卡即可使用，而商业银行移动支付大多需要在银行柜台开通手机银行，这一业务流程增加了客户的开通成本，不能实现高效获客。使用不同的银行移动支付时，需要下载、注册、打开不同银行的应用程序，增加了使用的繁杂程度。

（三）惯性心理影响消费者对不同支付主体移动支付业务的选择

消费者长期使用微信、支付宝扫描二维码的支付习惯业已形成，微信、支付宝已经成为普通消费者手机中不可或缺的软件。在同等条件下，消费者在选择付款方式时，往往会优先选择习惯的方式。银行移动支付产品作为后来者很难在一时之间改变消费者的使用习惯。

四、银行移动支付发展策略

银行推进移动支付业务应"以客户为中心"，基于客户消费习惯、消费行为

提供服务和产品，以满足客户消费心理和消费需求，增加客户黏性和忠实度，实现自身移动支付业务长远发展。

（一）明确战略定位，建立银行主导的移动支付模式

从整体来看，虽然第三方支付平台的出现提供了更加便捷的支付渠道，但是银行在移动支付领域仍然具有无法替代的地位。银行应发挥自身的特点和优势条件，打造以银行为主导的移动支付发展模式。完善移动支付业务相关制度和政策，建立多维度、多渠道、多层次的移动支付业务思路，及时进行市场需求分析，调整自身业务规划，准确把握商业银行发展移动支付业务的战略定位。

（二）加强技术创新，加大大数据应用和分析

现阶段银行应加强业务创新，转变业务模式，并加强支付服务的创新和开发，研发出更便捷易用、更安全的银行移动支付方式。从非银行支付机构来看，大多是从手机支付形式上创新，银行应注重研究消费者的支付偏好再创新支付形式。通过加强与大数据服务商的合作，先分析银行移动客户的需求、喜好和倾向，再针对不同客户创新推出不同的支付产品以便迎合客户的需求，最后要适时推销给客户，在回收用户反馈的基础上进行进一步的改进。

（三）优化产品设计，增强用户体验

商业银行移动支付平台的设计要把客户感受、需求和体验作为移动支付创新产品的基础，不断提升客户页面浏览、支付操作等前端体验，让客户和消费者可以随时随地使用移动支付产品进行消费和其他交易。提升自身的服务意识，培养专业的线上服务人员，及时解决用户问题，保障各项业务快速高效完成，丰富用户使用感受和用户体验，增强用户对银行移动支付业务的信心，扩大移动支付用户群体。

（四）强化场景建设，推动产品融入客户生产生活场景

商业银行应依托本地资源，建立与日常生活融合更为紧密的支付场景，加强与学校、医院、景区、商场的合作关系，还要将投资理财、在线信贷、服务咨询等标准化产品嵌入各种场景，满足客户综合化金融服务需求，使银行服务和日常生活实现无缝对接，使支付产品创新更多地围绕用户的消费习惯展开。通过融入各类场景进一步拓宽获客渠道，激发客户的消费欲望，让客户更习惯使用商业银行的移动支付产品。

(五)推广手机号码支付,提升银行移动支付效率

持续完善网上支付跨行清算系统手机号码支付功能,不用客户输入账号、户名、开户行等烦琐信息,实现用户在任何时间和地点随时操作、即时到账。同时,加大业务宣传推广,随着客户黏性的增加,银行手机 App 的打开率和活跃度也将提升,对于银行推进线上业务有促进作用。

手机号码支付业务在贵州省农村地区的推广实践与思考

文/卢金龙[*]

摘要： 手机号码支付业务是依托央行支付系统中的网上支付跨行清算系统推出的新业务，具有免输卡号、免提现费、大额一次转等特点。为助力贵州省乡村振兴战略实施，中国人民银行贵阳中心支行（以下简称人民银行贵阳中支）积极探索手机号码支付业务和农村支付推广的有机融合，在全省范围内开展了系列手机号码支付业务推广活动，2021年全年全省手机号码支付业务使用量取得了全国第四的优异成绩。本文首先总结了手机号码支付业务在贵州省农村地区的推广背景和推广策略，其次提出了推广过程中存在的问题和挑战，最后对相关问题和挑战进行了具体分析，并给出建议和思考。

关键词： 央行支付系统　手机号码支付　农村地区　乡村振兴

为积极践行支付为民理念，助力贵州省乡村振兴战略实施，持续优化全省农村金融生态环境，人民银行贵阳中支在中国人民银行清算总中心（以下简称清算总中心）的大力支持下，积极探索手机号码支付业务和农村支付推广的有机融合，组织辖内人民银行各市州中支及支付系统直接参与者贵州银行、贵阳银行和贵州省农村信用社联合社，在全省农村地区开展了系列手机号码支付业务推广活动，取得了较好的成绩。截至2021年末，贵州省手机号码支付业务注册用户173.06万户，已连续3年提前半年超额完成清算总中心推广指标，2021年全省手机号码支付业务使用量共计1109.94万笔，全国排名第四，仅次于北京、广东、上海三个省份。

---

[*] 作者单位：中国人民银行贵阳中心支行。

一、推广背景

手机号码支付业务是清算总中心依托网上银行支付清算跨行系统推出的新业务。该业务不仅是清算总中心面向市场化转型的重要举措，也是助力我国各银行业金融机构回归支付本源的有效路径。手机号码支付业务通过将个人常用手机号和银行卡号进行关联，方便银行业金融机构客户在需要使用账号进行转账时直接用手机号替代，避免了寻找卡号、输错卡号的麻烦，同时，资金直达银行账户，去掉了提现环节，节省了提现手续费。此外，手机号码支付业务依托的网上支付跨行清算系统 7×24 小时实时运行，支持跨行实时转账，其单笔转账金额可以高达 100 万元，避免了第三方支付工具大额资金需要分多次转账的烦恼。

农村地区支付环境建设作为农村经济发展的基础，是贵州省乡村振兴战略实施的重要组成部分，当前，全省农村地区支付环境建设存在的问题主要体现在以下两点：一是农村地区经济作物收售千元以上比较普遍，目前主要的支付方式为第三方支付转账和现金交易，存在收取手续费、提现时滞及假币隐患等痛点。二是批发商和零售商（商户）间的结算以移动支付及小额为主，大额转账依赖银行卡转账的方式，忘带卡、忘记银行卡号影响转账的现象较多，影响村民支付体验。

手机号码支付业务免提现手续费、方便记忆等优势能较好地解决全省农村地区支付环境建设存在的问题，通过将手机号码支付业务和农村地区支付环境改善有机融合，不仅为手机号码支付业务推广创造了有利条件，而且在助力贵州省乡村振兴战略实施、优化农村金融生态环境方面也起到较大的促进作用。

二、推广策略

（一）建立全方位保障体系，提升宣传推广实效

一是与行内支付结算处联合成立了由分管副行长任组长的全省手机号码支付业务农村地区推广小组，明确小组各成员工作职责，强化组织保障。二是向辖内人民银行各市州中支、支付系统直接参与者下发了开展手机号码支付业务农村地区推广工作的通知，对全省推广工作进行安排部署，强化行政保障。三是制订并

下发手机号码支付业务农村地区示范村建设实施方案，明确各农村地区示范村建设标准、推广形式、工作目标等内容，强化操作依据。四是将手机号码支付业务农村地区推广开展情况纳入人民银行贵阳中支金融机构年度综合评价及各市州中支考核指标，强化执行力度。

（二）构建多层次宣传格局，筑牢群众使用基础

一是指导人民银行市州中支及支付系统直接参与者紧密结合传统节日、农产品收获季节，以贴近生活、融入文化、精准嵌入的方式，开展了手机号码支付十乡（镇）百村送春联、进入茶场面向茶农等活动。二是要求辖区内各银行业金融机构结合自身条件，通过进企业、乡镇、学校、社区及各类商场等线下实体和在微信公众号、官方微博、抖音视频等线上媒介开展多渠道宣传活动，全面营造手机号码支付业务使用氛围。三是指导直接参与者在各乡镇搭建手机号码支付业务体验区，体验区包含"手机号码支付业务体验区"公示牌、相关宣传海报、宣传折页等内容，并配备移动客户端，循环展示手机号码支付业务绑定激活、交易流程。

（三）创新推广工作路径，积极拓展服务范围

一是人民银行贵阳中支结合清算总中心下发的各项手机号码支付业务宣传材料，融合贵州省辖内少数民族特色，根据农村地区受众情况，以动漫形式制作了多个通俗易懂的手机号码支付业务宣传片。二是购置带有手机号码支付标识的口罩、雨伞等宣传品，将手机号码支付业务宣传与实体激励相绑定，助力农村地区手机号码支付业务的注册量和交易量不断提升。三是探索各类具备一定交易规模的涉农场景，寻找有支付需求的农林牧副渔产业地区，实施惠农推广工作，培育农村合作社、种养殖户、家庭农场、农贸市场、农村旅游等主体使用手机号码支付的习惯。

三、存在的问题

手机号码支付业务在贵州省农村地区推广取得了较好成绩，有效解决了贵州农村地区支付环境建设面临的主要问题，丰富了农民群众的支付手段，但与此同时，在推广过程中也面临一些困难和挑战。

（一）农民群众防范意识不足形成潜在的支付服务风险隐患

农民群众由于所处环境相对单纯、信息接收渠道单一、平均受教育程度相比非农村地区较低等特点，对近年来盛行的电信网络诈骗、非法买卖银行账户、

POS机具套现等违法犯罪活动接触较晚，认识较浅，防范意识不足，手机号码支付业务在农村地区的推广会为不法分子提供可乘之机，间接影响农村地区支付服务安全。

（二）第三方支付的业务发展优势对改变用户使用习惯形成挑战

以微信支付、支付宝支付为代表的第三方支付工具借助其已有用户群体及在全产业链条建立的闭环支付场景，基本满足现有农民群众的支付需求。农民群众已经形成了以微信支付和支付宝支付为支付手段的转账、购物和缴费等习惯，对手机号码支付业务在农村地区推广带来一定挑战。

（三）农村地区基础设施建设不足制约手机号码支付业务绑定量和使用量

农村地区存在由于通信运营商基础设施及配套服务滞后导致的手机网络信号差、流量使用体验感欠佳、Wi-Fi覆盖率不足等问题，不利于手机号码支付业务发展。此外，现有农村地区人员结构中主要以留守老人及儿童为主，手机多为老人机，各银行业金融机构手机银行下载及签约存在困难，间接影响了手机号码支付业务的绑定量和使用量。

（四）手机号码支付业务处理流程不一影响推广工作进度

手机号码支付业务使用依托各银行业金融机构App，有的银行业金融机构将手机号码支付业务入口放在首页显眼位置，有的则需依托搜索功能才能找到，在业务推广过程中，由于缺乏统一的入口标准，增加了工作人员的推广难度和用户的使用难度，给推广工作带来一定困难。

四、相关建议

如何采取有效措施解决手机号码支付业务在农村地区推广工作中面临的问题和挑战，持续做好手机号码支付业务使用在贵州全省农村地区的落地生根，更好更快助力贵州省乡村振兴战略实施至关重要。

（一）加强工作人员业务培训，提升农民群众风险防范意识

银行业金融机构基层工作人员和普惠金融服务点工作人员作为手机号码支付业务推广的主力军，与农民群众接触最为紧密直接，其对手机号码支付业务的规则及处理流程的了解程度直接决定了该地区手机号码支付业务的风险防控能力。

加强对手机号码支付业务在农村地区推广主力军的培训力度，使推介人员熟练掌握业务操作流程及内容，做好对农民群众的宣传讲解，切实使农民群众了解手机号码支付业务带来的便利及可能存在的风险隐患。

（二）进一步加大宣传推广力度，提升农民群众认知度

相较于第三方支付工具，手机号码支付业务存在起步晚、知晓率低等问题，要培育农民群众的使用习惯，应首先扩大手机号码支付的受众面，除持续开展线上线下等基本宣传方式外，还应进一步创新宣传方式，积极探索与农村地区政府部门、致富带头人等合作，利用农民群众对官方权威的信赖，宣传手机号码支付业务，建立更多应用场景，切实打消老百姓心中的顾虑。

（三）加快推进农村地区基础设施建设，提升农民群众获得感

主动争取地方政府政策扶持和财政资金支持，对农村地区基础设施建设给予适当政策倾斜，构建政府支持、人民银行主导、银行业金融机构主管、普惠金融服务点广泛参与的共建共创机制。积极与通信运营商探索双赢推广策略，提升农村地区网络环境，动员银行业金融机构在移动机具上部署手机号码支付业务开通功能，方便现场为老年用户开通业务。

（四）优化手机号码支付业务处理流程，提升农民群众使用便利性

建议统一各银行业金融机构手机号码支付业务入口标准，提高手机号码支付业务使用的便利性，在坚守支付安全底线基础上，让手机号码支付功能使用更加便捷、高效，为用户带来更好体验。

参考文献

[1] 吴贝贝. 开启手机号码跨行支付新体验 [J]. 金融电子化, 2020 (5): 16-17.

[2] 董毅. 手机号码支付场景建设与展望 [J]. 科技与金融, 2019 (11): 57-59.

[3] 曾甘霖. 基于用户视角对"手机号码支付"业务的思考 [J]. 金融会计, 2020 (11): 46-50.

[4] 张咏梅. 基于推广视角对"手机号码支付"业务的思考 [J]. 当代金融家, 2021 (7): 148-149.

案例研究

普惠金融领域支付结算模式创新

文/中国建设银行山东省分行课题组*

摘要： 本文围绕烟台苹果智慧管理平台项目实际案例阐述支付结算模式创新与普惠金融发展的场景应用，提出加强政策指导、强化风险监管、鼓励新技术应用、搭建应用生态场景和数字人民币探索应用的可行性建议及策略。

关键词： 普惠金融　支付结算　制度

一、普惠金融领域支付结算存在的问题和难点

（一）支付结算个性化不足，"数字鸿沟"依然存在

多数电子支付结算产品设计针对性不足，对特殊群体不够友好，比如，界面复杂、字体过小、需要密码验证、先注册再登录等复杂烦琐的操作流程，数字支付工具的普及使用空间受到限制。

（二）支付结算相关基础设施相对落后

根据近五年的研究数据可以看出，城乡互联网普及率差距逐年缩小，但2020年底，我国互联网普及率城镇地区为79.8%，农村地区为55.9%，差距依然明显。当前农村网络基础设备和技术等仍不能适应普惠领域数字化支付结算基础设施的演进。

农村地区提供金融服务机构分布不均，主要为农业银行、各农商行、邮储银行，虽然最近几年各金融服务机构积极发展普惠领域的服务点，但仍然存在支付

---

* 课题组成员：白云、杨欣华、胡青、王文灿。

设备简陋、投入不足、金融业务种类单一等问题，除办理简单的小额提现、转账汇款外，现有设施、产品、服务与农村客群多样化的需求差距比较大，无法真正为下沉市场提供因地制宜、量体裁衣的一揽子综合普惠金融服务。

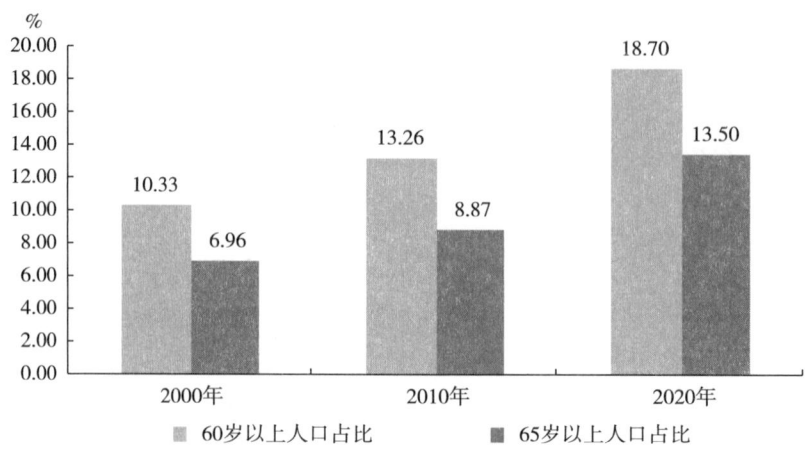

图1 近三次全国人口普查老年人占比

（数据来源：国家统计局）

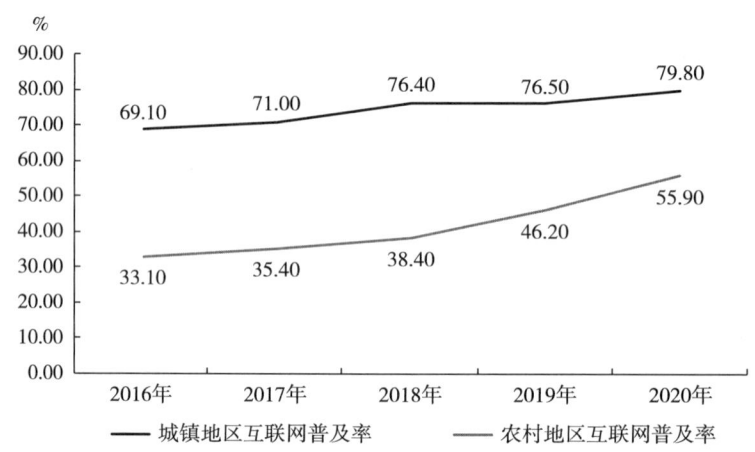

图2 城乡互联网普及率

（数据来源：CNNIC）

（三）支付结算服务安全性问题亟待解决

农民作为普惠金融重点服务客群之一，知识面较窄，抵御、防范风险的意识较弱，再加上农村乡镇地域上相对偏、散、远，信息获取能力不足，存在对各类支付结算产品安全防范意识不足的问题，容易给不法分子留下可乘之机，存在一定的风险。此外，在便捷高效的数字化支付结算方式背后，电信网络诈骗、线上赌博层出不穷，让农村客群防不胜防。加之多样化的新型违法犯罪案例在媒体上屡有曝光，使得部分农村群众对新型支付结算工具忧虑重重，甚至产生抵触情绪，失去对数字化、电子化支付结算的可信度。

二、案例——烟台苹果智慧管理平台项目

（一）项目背景

1. 收购及销售流程。烟台苹果产业自产自营、自产代销的形式多种多样。在传统种植销售的基础上，部分新型合作社采取了与大型连锁经销商合作的形式，例如，通过与深圳百果园合作，作为其苹果特约供货基地为其供货。无论传统模式还是新型模式，一般均采取"果农种植—经销商委托代购点收购—冷风库储存—出口/内销—回款"的流程。具体如图3所示。

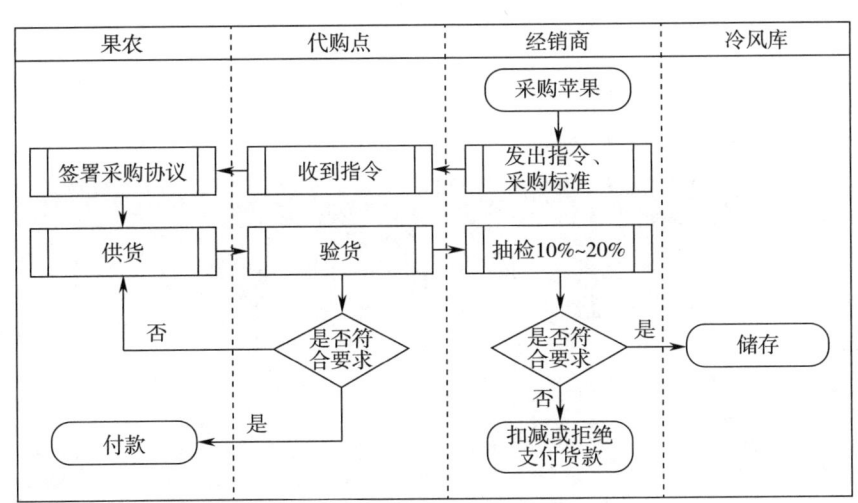

图 3　烟台苹果收购流程

（资料来源：根据实地调研整理）

2. 当前模式的痛难点。目前苹果收购计量方式简单，一般通过标准箱进行粗略计重，箱体仅标识存储人、苹果尺寸、种类等简易信息；冷风库出入库记账也全为手工记账，较为原始。在收购过程中，由经销商为代购点提供收购资金，代购点通过现金结算的方式将收购款付给果农；代购点将苹果交付冷风库商入库后，冷风库商根据收购苹果的重量对经销商收取储存费，结算模式传统。部分小

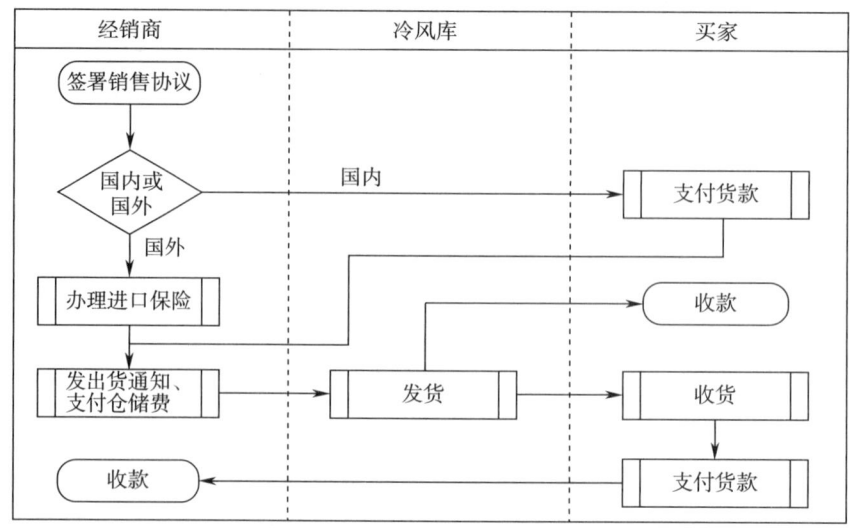

图4 烟台苹果销售流程

（资料来源：根据实地调研整理）

微果品企业基础建设和物资投入较大，缺少可抵押物和担保机构，贷款融资困难，特别是在秋季苹果集中收购时期，资金周转问题更加突出，烟台苹果急需创新经营模式、结算模式及融资模式。

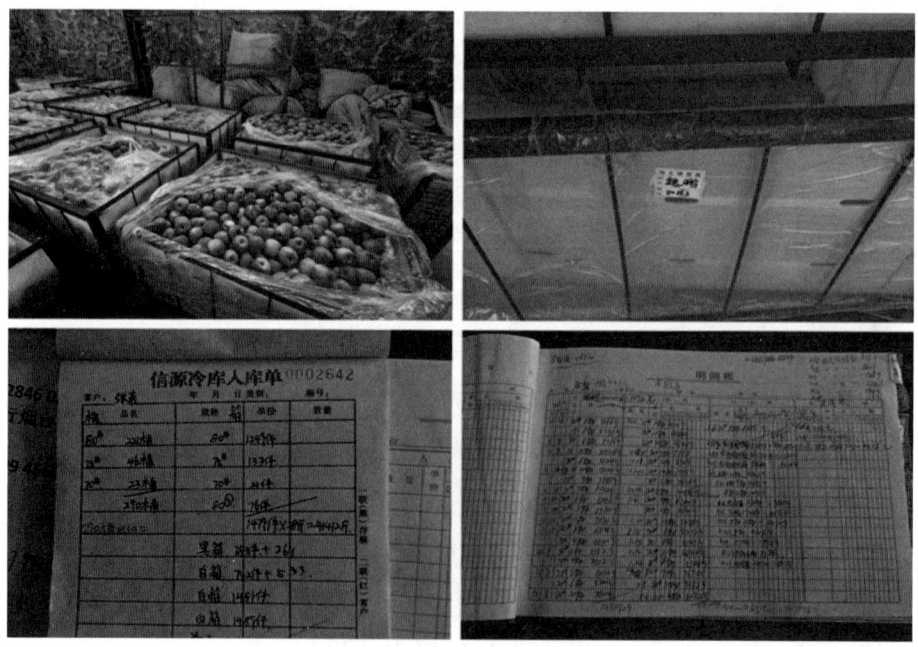

图5 烟台苹果传统模式

（资料来源：根据实地调研整理）

（二）项目方案

1. 平台架构。平台整体采用"1+2+4+N"架构，即1个苹果交易服务平台、2套基础骨架、4个核心系统、N项服务应用，搭建一个完整的苹果产业链平台架构，实现苹果行业的生产端到消费端的完整闭环。

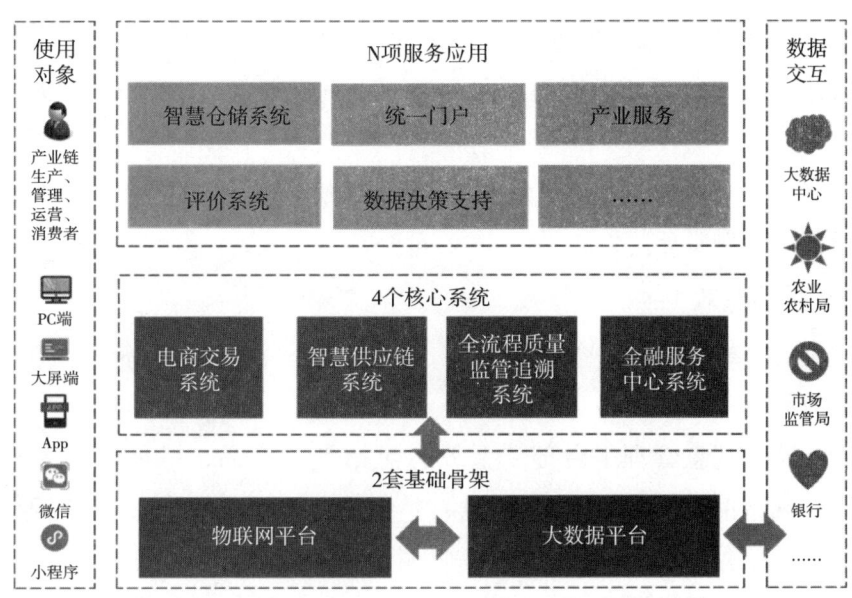

图6　烟台苹果智慧管理平台技术架构

2. 建设内容。

（1）2套基础骨架

大数据平台：通过收集苹果存储、线上交易、平台监管评价、金融服务等大数据信息，进行数据处理、统计、展示，为大数据分析决策系统提供数据支持，实现各系统间的数据互联互通、融合支撑。

物联网平台：通过对视频监控、环境采集、智慧秤等联网管理，收集出入库过程中苹果数据、冷风库环境温度及湿度等信息，用于苹果溯源、智能仓储、信贷监管。

（2）4个核心系统

电商交易系统：系统提供B2B、B2C、中央仓三种交易方式，经销商、冷风库等供应商（采购环节采购方）可作为商家入驻，可自主进行线上交易，供应商可一并入驻中央仓，由中央仓运营单位形成区域的各种类销售仓，依据评价系统等进行买单分配。

智慧供应链系统：为经销商、冷风库等采购方提供线上采购服务，当采购方发布采购需求后，可进行线上采购磋商、跟踪采购进度、了解市场行情。同时为大数据平台提供代购点信息、采购量信息等，完善数据类型，并为银行信贷融资提供真实的数据支撑。

全流程质量监管追溯系统：满足苹果交易"收购—仓储—销售"核心环节溯源，对苹果采购点、采购时间、存储方式、存储条件、检测报告、运输方式等数据进行线上展示溯源，后期可延伸至规模化种植园区、物流运输以及终端消费者。

金融服务中心系统：通过平台发布银行金融产品，用户可在本模块选择支付结算、贷款等金融服务。

（三）项目成效

1. 支付结算模式创新。为烟台苹果产业链各参与方提供"聚合支付"，提升了资金结算效率。

在烟台苹果智慧管理平台部署上线"惠市宝"产品，一是创新线上收银模式，能够实现微信小程序、微信公众号、App（Android、iOS）、PC端等多渠道、多方式的支付结算。二是创新线上收款分账、对账模式，满足平台运营方的统筹管理要求，实现消费者通过平台购物结算后，系统T+1模式下自动将收款资金按照订单金额以及分账规则分账至相应商家账户，参与分账方能够自行实现账务

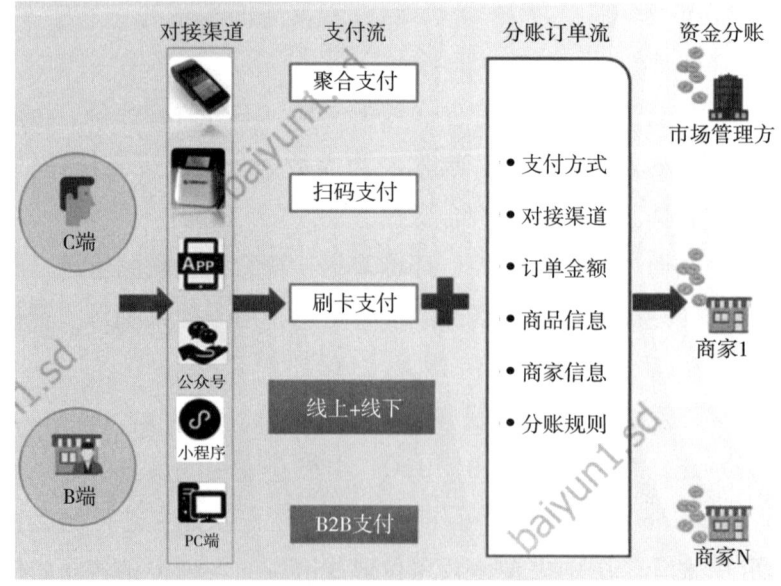

图7 惠市宝相关业务流程

对账。

2. 信贷产品创新。依托烟台苹果智慧管理平台获取的基础数据，创新打造"兴农快贷"信贷产品，按照"互联网＋涉农大数据"及以数据直连为主、数据导入为辅的方式，通过对果农基本信息和涉农数据的综合获取、分析和运用，为符合准入条件的客户提供线上信用贷款，客户能够通过手机银行、网上银行等电子渠道自助完成贷款申请、审批、签约、支取和还款，真正实现了果农、果商贷款的线上全流程"一站式"、场景化办理。

三、普惠金融领域支付结算模式的创新建议和策略

（一）加强政策指导

一是加强组织领导。加强政府机构的组织领导力，鼓励支付相关服务方参与普惠金融领域支付服务市场，充分发挥各方的优势，使全方位、多层级、可延续的普惠金融支付服务体系得以逐步建立。二是发挥市场机制。通过市场的供求、价格、竞争之间的相互联系、相互作用机制，促进普惠金融领域支付相关服务的资源配置。

（二）强化风险监管

一是创新监管理念。优化事前、事中、事后监管资源配比，对普惠金融支付结算高风险银行或非银行支付机构提高监管的手段和监管的频率，指导银行和非银行支付机构形成支付结算风险防控意识，筑牢安全防线。

二是夯实风险管理。组织辖内普惠领域金融服务的各参与方建立健全风险防范的管理体系，提高风险的防范和管理能力；建立各参与方的有效沟通和风险防范机制，对于辖内发生的各项支付结算风险事件及时进行通报和引导处置；重点关注、严厉打击线上赌博、洗钱、电信网络诈骗等高伪装网站，从源头上阻断普惠金融客群支付结算的安全问题。

三是强化权益保护。强化消费者的权益保护，充分利用国家网络安全宣传周、"质量月"金融标准化宣传时机，依托金融机构、监管机构等多渠道，对普惠群体持续开展支付结算工具、支付结算方式、个人信息保护、网络信息安全和风险防范等相关内容的宣传和培训，助力其掌握支付相关的知识，提高普惠群体的自我风险防范意识。

(三）鼓励新技术应用

一是针对支付结算相关基础设施相对落后的问题，可以依托 5G 基站建设，下沉服务市场，夯实普惠金融领域支付结算底座，进一步提升城乡互联网普及率。

二是针对支付结算产品个性化不足、"数字鸿沟"的问题，可以借力人工智能人脸识别、智能语音、智能机器人等手段，进一步创新、优化结算产品，提升普惠金融客群数字化支付结算服务体验；同时应用云计算技术的便利性，能够以低成本、高效率的方式拓展支付服务领域，提升支付服务能力，助力普惠金融服务发展。

三是针对支付结算服务安全性问题，可以在支付结算中，运用大数据技术建立从用户行为自动学习到异常行为检测的模型，加强用户异常事件的检测；在用户身份识别及验证的支付环节引入人脸、声纹、虹膜等人工智能识别技术，增强普惠金融领域支付方式多样性的同时，增加支付结算环节的安全。

（四）搭建应用生态

鼓励金融机构汇聚符合普惠金融领域支付结算创新体系建设的合作伙伴，加强与政府、企事业等单位的沟通合作，逐步建立多方参与的普惠金融生态体系建设，共建产品、场景、市场等的深度合作网络，以生态合作形式，不断丰富普惠金融服务内容，构建共建共生共荣的生态联盟。

（五）探索应用数字人民币

数字人民币作为我国创新型的货币和电子支付工具，支付即结算的现金特征突破了传统商户 POS + 银行卡的收单模式，普惠客户不需要申请成为银行的商户，只要拥有数字人民币钱包，就可通过扫码、碰一碰、离线支付等多种方式实现收付款，方便快捷地支持普惠客户分散、小额的支付场景，提升支付运行效率。宜在全国范围内开展数字人民币产品创新、流程优化项目案例征集活动，鼓励金融机构积极参与，探索出多样化、适合多场景、多方互利共赢的普惠金融行业数字人民币综合服务解决方案。

供应链票据服务银行业务发展

文/国家开发银行山东省分行课题组[*]

摘要：本文基于供应链金融的视角，研究供应链金融与银行存款的关联关系，详述供应链票据作为供应链金融落地和推行的创新性应用模式，从而拉动供应链金融在银行的落地，充分补充相关领域的研究空白。

关键词：供应链　票据

一、供应链金融

核心企业作为供应链金融模式成功实施的关键，其一般处于供应链利润率最高、集中度最高的环节，故可以借助行业地位获得很高的议价能力和积累原始资本的能力，通常比其他中小企业有着更充裕的现金积累。其多数为信贷银行的优质客户，存款金额对信贷银行的存款业绩考核指标影响较大，所以研究供应链金融业务对核心企业存款的拉动效应以及业务的推行意义很大。

提出假设 H：开展供应链金融业务能够显著增加核心企业的银行存款。

（一）样本选择与数据来源

以 2011—2018 年已开展供应链金融业务的上市企业为样本。首先通过分析企业财务报等公开资料，手工收集到 344 家已开展供应链金融业务的非金融类上市企业；然后，对样本进行如下处理：（1）剔除 2018 年初次开展业务的企业样本；（2）剔除不能明确确定业务开展年份的企业样本；（3）剔除无法明确业务

---

[*] 课题组成员：刘万新、宫中华、路炜、孙丽颖、刘婧钰。

实质的企业样本。最终得到 118 个有效样本。

然后以企业经营类特征变量以及治理类特征变量等控制变量为协变量，按照不同的开展年份采用 PSM 倾向得分匹配法的 1:4 近邻匹配获取 438 家未开展供应链金融业务的上市公司作为对照组。匹配后的 ATT 值均小于 1.69，T 检验值结果均不拒绝实验组与对照组不具有系统性差异的原假设，通过了数据平衡性检验。与 118 家开展供应链金融的实验组样本结合，最终获得 556 家样本企业数据。在数据来源方面，一般性数据来自 CSMAR 和 Wind 数据库，同时参考企业年报计算获取缺失数据。

（二）变量设计与实证模型设计

检验的自变量为是否开展供应链金融业务（SCF），开展业务取 1，否则取 0。

因变量为核心企业银行存款的变化量 $\Delta Deposit$ = 企业开展供应链金融业务滞后两期的银行存款 – 开展供应链金融业务当期银行存款的差值，表示核心企业银行存款在开展供应链金融业务两年后的变化量。

参照现有关于供应链金融和多元化的研究文献，为了控制其他因素的影响，本文选择如下控制变量：（1）企业经营特征变量：企业规模（Size）= 企业总资产的自然对数；企业年龄（Corpyear）= 企业已上市年度数的自然对数；资本结构（Lev）= 负债总额/资产总额；企业绩效（ROA）= 净利润/资产总额。（2）企业治理特征变量：企业性质（Soe），国有企业取 1，非国有企业取 0；企业治理水平（Gov）= 独立董事占比。

基于以上假设和变量设计，本文提出如下检验模型：

$$\Delta Deposit = \beta_0 + \beta_1 SCF + \beta_2 Size + \beta_3 Corpyear + \beta_4 Lev + \beta_5 ROA + \beta_6 Soe + \beta_7 Gov + \varepsilon$$

（三）描述性统计与 T 检验

从样本各个变量的描述性统计中可以看出变量的分布特征，有助于后续进行回归分析。本文将样本分为开展供应链金融企业（实验组）和未开展供应链金融企业（对照组），分别进行描述统计，结果如表 1 所示。

同时，为了更好地比较实验组与对照组的关键指标的差异，本文以此分组进行了 T 检验，结果如表 2 所示。

表1　　　　　　　　　　　　　　描述性统计结果

实验组								
变量	观测值	均值	最小值	p25	中位数	p75	最大值	标准差
ΔDeposit	118	4277.27	-20202.98	0.00	549.42	2226.25	117490.00	16560.96
Size	118	22.99	20.51	22.01	22.79	23.89	25.89	1.26
Corpyear	118	1.26	0.18	0.50	0.81	1.69	11.30	1.35
Lev	118	0.45	0.01	0.26	0.47	0.62	1.12	0.23
ROA	118	0.04	-0.22	0.02	0.03	0.06	0.20	0.05
Soe	118	0.40	0.00	0.00	0.00	1.00	1.00	0.49
Gov	118	0.38	0.30	0.33	0.36	0.43	0.67	0.06
对照组								
变量	观测值	均值	最小值	p25	中位数	p75	最大值	标准差
ΔDeposit	438	-59.10	-56637.51	-991.88	-206.77	305.22	66353.61	6698.02
Size	438	22.63	17.61	21.65	22.48	23.50	26.52	1.35
Corpyear	438	2.35	0.13	0.74	1.59	3.09	33.38	2.65
Lev	438	0.40	0.00	0.23	0.37	0.53	8.38	0.43
ROA	438	0.05	-0.65	0.02	0.04	0.06	0.43	0.07
Soe	438	0.39	0.00	0.00	0.00	1.00	1.00	0.49
Gov	438	0.37	0.25	0.33	0.33	0.40	0.67	0.06

表2　　　　　　　　　　　　　　T检验结果

变量	实验组			对照组			T检验
	均值	标准差	均值标准误	均值	标准差	均值标准误	均值差（t值）
ΔDeposit	4277.27	16560.96	320.04	-59.10	6698.02	1524.56	4336.38*** （-2.78）

注：*** 的检验数据 p 值 <0.01。

从表1中可以看出：实验组银行存款的变化量（ΔDeposit）均值为4277.27，对照组银行存款的变化量（ΔDeposit）均值为-59.10。说明实验组企业总体上银行存款增加，对照组企业总体上银行存款减少。并且，从表2的T检验结果可以看出，开展组银行存款的变化量（ΔDeposit）与未开展组银行存款的变化量（ΔDeposit）的均值差为正，且两组的变化量（ΔDeposit）均值在1%水平上具有显著性差异。说明与未开展组相比，开展供应链金融业务的企业银行存款显著增加。

实验组和对照组各控制变量的统计值均相近，表明经 PSM 匹配后的对照组与实验组样本控制变量所代表的特征类似，从而可以将两组差异归因为是否开展供应链金融这一变量的影响，有效地避免了样本选择偏误。

（四）回归检验与结果分析

模型的回归结果如表 3 所示，可以看出被解释变量为银行存款的变化量（ΔDeposit），解释变量为是否开展供应链金融业务（SCF），两者在 1% 水平上（t=4.195）显著正相关，系数为 0.181。因此可以验证假设，即开展供应链金融能够显著增加核心企业的银行存款。

表 3　　　　　　　供应链金融与银行存款的变化量回归检验结果

变量	ΔDeposit	t 值
SCF	0.179 ***	4.195
Size	0.086	1.525
Corpyear	0.034	0.622
Lev	0.034	0.793
ROA	-0.023	-0.544
Soe	-0.007	-0.159
Gov	-0.075 *	-1.778
R^2	0.21	
R^2_a	0.044	

注：* 的检验数据 p 值 <0.1，*** 的检验数据 p 值 <0.01。

二、供应链票据

（一）全生命周期管理的应用模式

本文以某公司供应链票据为例，详述供应链票据在产业链上的全生命周期以及各节点的操作模式。

以下将出票人公司拟定为 A 公司，A 公司是供应链票据"1+N"模式中的核心企业，为签发票据融资主要的信用依托。拟定产业链中 A 公司的上游企业为 B 公司，即用款人，A 公司基于合同向 B 公司购买商品。K 银行为该产业链提供融资支持。下文以供应链票据全生命周期为主线，详述该背景下业务的主要流程。

1. 出票。A 公司根据真实贸易合同中的付款计划签发供应链票据，B 公司为持票人。与传统电子商业汇票不同的是,供应链票据右上角有"票据区间号",用于票据的等分化流转。

2. 流转。A 公司在签发供应链票据后,形成封闭的供应链资金池。B 公司在收到票据后,视同收到了 A 公司"预付款",在规定时间内发货。B 公司持有票据可以在供应链票据平台进行下一级背书流转,票据签发时的"票据区间号"可以支持票据面额的拆分,最小化单位可为 0.01 元。企业间可以根据不同金额需求形成不同的"子票据",逐级背书流转,穿透整个供应链。供应链票据的等分化大大提高了链条上企业间的结算效率,尤其适合使用在"频率高、金额小"的中小企业结算交易中,企业由现金支付带来的财务费用也大幅降低。

3. 融资变现。在收到等分化的票据后,B 公司不仅可以票据流转,也可以向 K 银行提出票据融资申请,进行票据融资贴现。由于供应链平台可以整合相关的物流、信息流和资金流,相比于普通票据,供应链票据更容易取得银行的授信,且获得更低的融资成本。

4. 持有到期,票据兑付结清。票据到期时,K 银行通知 A 公司,A 公司将还款资金存入 K 银行,同时银行应答供应链票据平台发送的提示付款信息,将票据兑付给票据最终持有人。

（二）意义与作用

1. 应用灵活,满足企业及银行多方需求。供应链票据能够充分发挥票据的支付及融资功能,盘活企业应收账款的同时降低银企双方的运营成本。

2. 票据平台包容性强。相比于传统票据平台,供应链票据平台更加包容,主要体现在以下几点：支持多家银行的账户接入,上下游企业无须另行开立银行账户；贴现资金方多元化,融资成本更加市场化；手续更加简便,已实现操作流程全部线上化。

（三）存在的问题

1. 参与主体的认识存在差距,宣传推广力度不足。虽然供应链票据已上线一段时间,但各方参与者对供应链票据的接受程度差距较大,认识不够深入,参与供应链票据的宣传推广的主动性、积极性、参与性不强,大量中小企业对供应链票据的特征、优势、办理渠道和业务流程仍不了解。

2. 业务生态环境有待完善,基础性工作需进一步加强。目前部分地区已经出台了支持供应链金融、供应链票据发展的政策,但区域政策管辖半径有限,后续政策的跟进和落实也有待观察,在总体制度层面缺少监管部门发布的、有效力的管理办法,风控措施、内部管理流程也不完善、不明确,影响了供应链票据业务的推进效果。

3. 银行参与度、覆盖度不足,类票据产品影响。供应链票据签发由票交所完成,完全绕过了银行系统,银行仅承担贴现、质押等职责,与银行传统理念相悖,商业银行参与度不足,积极性不高;近年来类票据产品开始出现,可实现拆分、支付、转让、融资等功能,业务发展迅速,也对供应链票据发展产生了一定的替代性影响。

三、相关建议

(一)完善供应链票据发展的市场环境

一方面,可通过加强物流、金融领域基础设施建设,以金融科技推动普惠金融和中小企业物流信息系统建设,便于信贷银行对企业交易数据和物流信息进行查询,为供应链票据融资业务提供信息支持;另一方面,票交所作为金融市场基础设施,要进一步加强企业贴现票据信息库建设,健全发展票据交易信息和票据融资企业信用数据共享机制,为企业使用相关信息提供便利。

(二)鼓励银行开发供应链票据的创新产品

供应链票据依托 ECDS 与供应链金融平台对接,供应链企业产生应收应付关系时,可直接签发供票,并在企业间转让,收款企业也可通过贴现或标准化票据进行再融资。在供应链票据流转的业务环节中,银行将资信注入整条供应链,借助相关信息能够在放贷时更充分地完成事前风险的防控,同时基于产业链关系更精准地匹配资金的供需,实现业务中间利润的创新拓展。最终可以形成金融机构、核心企业和上下游利益相关者互利互惠、共生共赢的产业格局。

(三)拓展供应链票据业务的应用场景和模式

在供应链票据的应用过程中,主要依托以下三类业务及产品:一是核心企业上游客户的应收款项;二是核心企业下游客户的预付款项;三是对外贸易的供应链票据组合融资。上述业务反映供应链成员企业不同的利益诉求,需要信贷银行有的放矢地开展场景分析,并提出具体的营销方案。如中小企业在以票据结算往来款项办理票据融资时更看重财务成本,银行可以结合货物交易特点向企业推出

"买方付息票据融资方案"或"协议付息票据融资方案"等;进出口贸易企业注重货物、资金的安全及结算效率,银行可依托综合金融业务优势,为其设计"保兑仓+银承""L/C+保兑仓+银承"等组合融资模式。

(四) 强化对供应链金融理念的政策引导和支持

建议政府进一步制定相关政策以保障供应链金融的运行和推广,如给予开展该业务模式的公司适当的政策倾斜,增强其动力;制定相关的法律规定,如物权、质押权的概念和界限,保障供应链金融模式的运作处于健全的规制监督下;同时,还可以建立全国范围内统一的信息公开系统,将更多企业的经营信息纳入系统进行公开披露;强化关于供应链金融模式的宣传和引导,让中小企业了解它的优势和作用;此外,还可以通过打造公开、完善的信息交流平台,促进金融机构和企业以及企业间分享信息和相互学习。政府应当继续深化完善与之有关的基础设施方面的保障,切实为企业融资带来更多便利。

对公业务综合支付服务创新

文/齐鲁银行课题组*

摘要： 本文基于中台分布式架构，按照"大中台、敏前端、稳后台"的研究思路，从系统架构、数据治理、渠道整合及流程再造等多方面入手，借助互联网技术，为企业提供一站式、全流程金融解决方案。

关键词： 对公业务　综合支付　创新

一、对公综合支付服务创新面临的问题

（一）同业竞争压力加大

在当前经济下行压力和激烈的竞争形势下，传统金融业务的发展场景应用有限、产品同质化严重，国有商业银行、股份制商业银行等的业务纷纷下沉，加之保险、信托及金融资管公司等非银行金融机构的竞争，城市商业银行的生存空间不断受到挤压。

（二）客户需求多元化

在"互联网+"时代，企业对金融服务的需求发生了很大的变化，线上化的快速融资、高效的资金流动成为企业客户的迫切之需。传统线下落地处理的业务模式由于流程链条长、审批效率低、步骤烦琐等弊端，越来越难以满足客户的需求，在拓展新客户困难的同时，还面临老客户流失的风险。另外，在买方市场环境下，企业对成本收益的关注度越来越高，商业银行资产业务定价持续下行、

---

* 课题组成员：张功臣、王彦、赵克强、侯武彬、杨鑫。

息差不断收窄,导致对优质客户的维护难度增大。同时由于企业所属行业不同,在产业链条中的地位不同,导致其经营模式差异较大,标准化的金融产品和系统难以满足企业日益发展的个性化需求。

二、基于中台框架下的对公支付服务创新分析

(一)高效客户/账户管理

通过统一客户信息入口,实现客户信息中央登记,确保客户信息的唯一和客户信息的集中管理。基于对客户的多维度标识,根据不同算法分析,进而了解客户属性,更好地进行市场营销。识别客户之间的关联,建立客户关系图谱,从孤立的客户管理体系发展为网络化的关系管理,形成客户360度全景视图。通过账户信息的集中管理,为业务产品提供统一的账户服务。借助账户授权管理,满足集团企业对不同账户的使用权限管控。以客户账户信息为桥梁将后台各业务打通,实现客户账户信息多渠道共享,为客户的营销、运营、服务提供助力。

(二)多维度的资产分析

通过对客户保证金、存单、票据、信用证、应收账款等资产入池,实现客户资产负债统一视图,完成单一、集团企业资产负债的统一管理、分类资产管理和入池资产管理,将不同资产分类统计,提供可视化资产分布图,客户有效辨别流动资产,提高投资效率。

如图1所示,资产视图展示了各类资产比例、负债比例,支持分类查询。从根本上帮助企业解决了"资产分散,管理难度较大"等资产监控难题,便于企业随时了解自己的资金情况。

(三)快速服务响应

中台基于微服务开发框架,提供统一的开发规范和分布式技术组件API接口,支持联机类服务、批处理类服务、流程类服务的不同开发模式,技术组件的封装降低了开发人员技能要求,提升了开发效率。

整个框架通过注册中心提供对外统一服务入口,服务发布中心支持接口调用、服务调用等方式,无缝集成原有服务,并支持新服务拓展。服务处理中心提供业务逻辑处理及组合封装功能。服务管理中心负责管理公共服务,如渠道控制、收支控制、支付限额控制等公共服务内容,实现对通用技术组件的服务化。

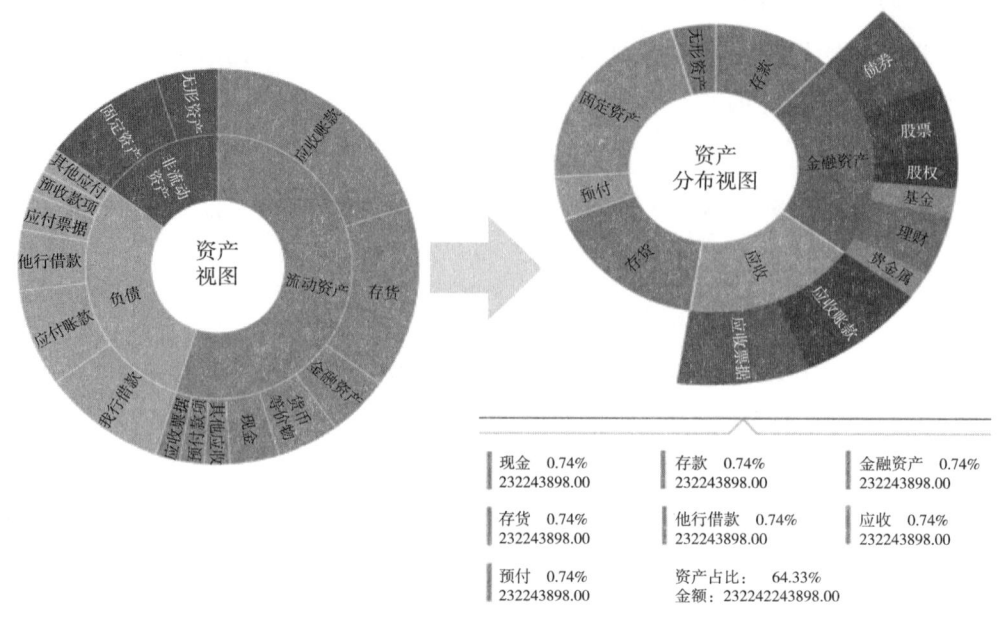

图1 资产与资产分布视图

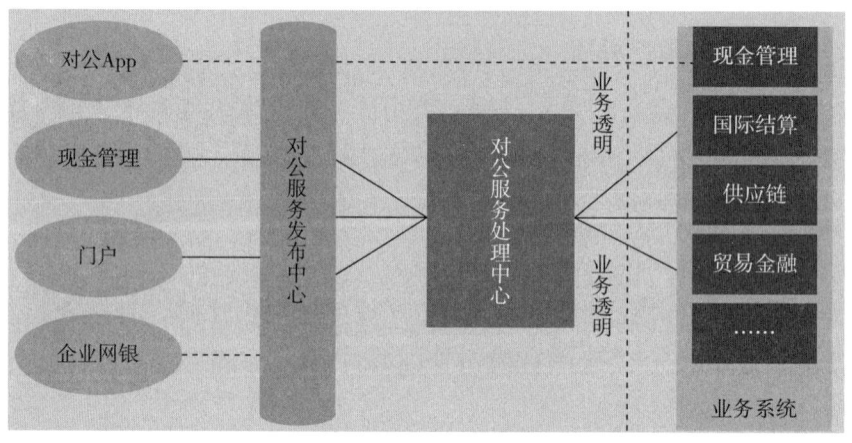

图2 统一服务中心

通过应用共享以及多租户隔离实现技术组件最大程度复用,降低系统的资源消耗。通过对共性业务的抽象,完成应用能力模块的复用,从而实现业务的快速创新和迭代,提升用户需求的快速响应能力。

(四)动态风险管控

随着互联网应用的深入,金融服务线上化、智能化成为业务发展的重要引擎,在整个金融服务过程中如何防范业务风险、提高资产质量成为银行快速发展的重中之重。

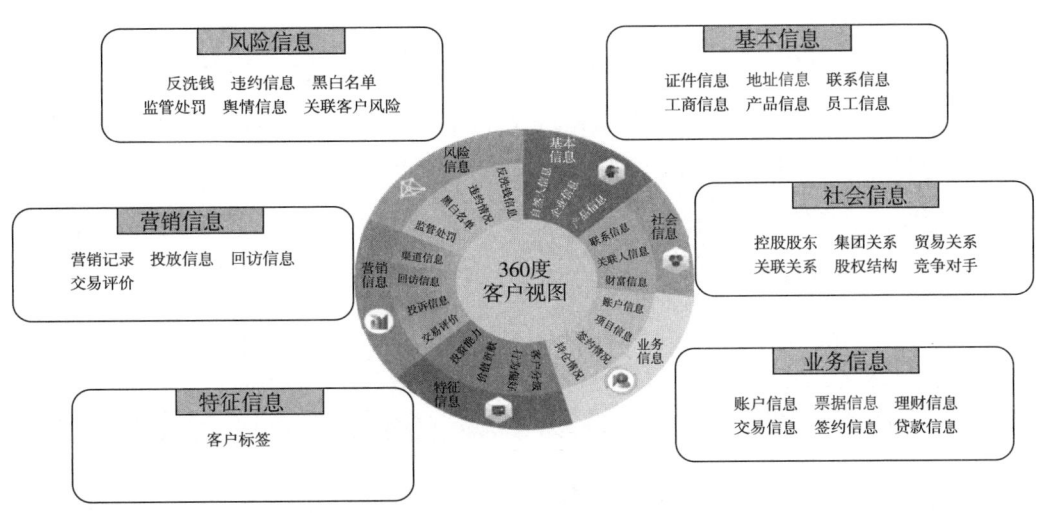

图 3　360 度客户视图

基于中台的大数据风控，智能引入和维护客户基本信息、外部风险信息，自动结构化匹配，统一查询入口和视图展示入口，增强客户信息准确性、实时性和有效性。采用"云＋雾"计算模式，全面获取、整合、解析、加工行内外客户基本信息，高度交叉组合分析客户风险，针对不同客户构建风险防控体系，基于客户数据和客户风险制定风险画像，解决传统模式客户定位不准确、不清晰、不完全等问题，帮助银行一站式审查客户全息风险情况。依托外部数据，深度分析客户外部风险信息，洞悉隐藏在数据背后的风险，深入挖掘企业与企业、企业与个人之间背后复杂的关联，识别风险传导路径，对客户进行跨地区、跨市场、跨银行资金转移行为的预判及线索挖掘，从根本上解决企业关联面貌模糊的业务难点。全量分析行内外相关担保数据，自上而下进行担保数据挖掘，担保圈风险分层，全面、直观揭示互保、联保、循环保等担保风险。通过分析数据模型，实现流量控制、故障隔离、数据集中，提高了风险管理控制覆盖率，建立全流程风控智能管理体系。

三、基于中台架构下的对公综合支付服务创新实践

（一）基于中台架构下的整体解决方案

结合齐鲁银行数字化转型战略以解决对公业务系统现有痛点，基于中台架构

建设复用能力强、敏捷、共享、开放、高效的交易银行综合服务平台。通过系统整合，实现对公客户、服务、渠道、数据信息等的统一管理，打破"烟囱式"系统建设模式；以客户为中心，集成内外部资源，统一组装输出综合化、一站式服务，满足客户多场景的综合金融需求；以解耦、复用和高效为出发点，沉淀基础能力，实现客户、用户、产品、账户、风险管控能力中心建设，实现渠道对基础能力快速调用，缩短产品开发周期；以系统先发优势，提升获客能力、黏客能力、创利能力和风控水平。

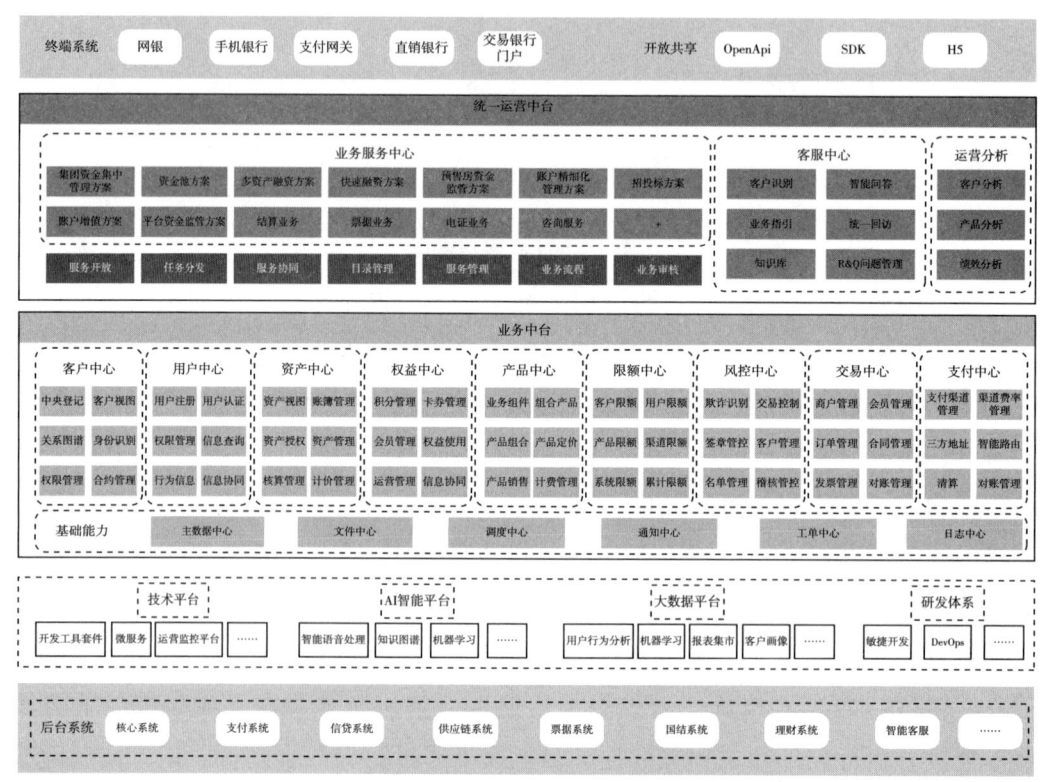

图4 交易银行综合服务平台架构

整个平台架构按照一个"大中台，敏前台，稳后台"的模式，让技术组件和业务组件下沉，满足业务的快速创新和迭代，提升用户需求的快速响应能力。平台构建了以下五大中心服务。

客户中心：构建统一的、开放的客户中心，进行行内、行外客户管理，依靠企业贸易伙伴关系，拓宽导流渠道；统一的认证体系，统一的用户入口，打破原先系统之间的隔离状态；绘制企业画像，分析企业行为，提升客户体验。

资产中心：构建全行统一的账户体系，改变原先各业务系统独自建立账户体系的繁冗模式，统一由新建平台输出账户服务，并在平台内搭建企业全资产的资产池，将企业客户的存款、票据、债券、基金、房产等资产进行入池统一管理，为行内各业务渠道提供统一的展示视图。

产品中心：建立具有产品定义、产品路由等能力的对公服务产品工厂，进行行内相似服务的整合，并能将行内多个对公业务系统提供的原子服务路由变成新的对公服务产品，极大提升了行内产品创新速度和能力。

风控中心：统一管理业务风险、数据风险、操作风险，并引入大数据风控，静态分析，动态管理客户风险，进行灵活的风险管控。

以五大中心服务为基础，从客户角度出发，建设对公综合业务支付平台，实现真正线上化流程，提高支付效率。

（二）对公中台框架下的支付创新——以票据业务为例

1. 动态票据池管理。对于企业来说，管理零碎的票据需花费大量时间，加大了企业时间成本、人力成本以及管理难度，且由于企业规模庞大、人员复杂，票据在企业内部的流转、保管交接会花费大量的人力和物力，并且存在操作风险。对于集团客户，子公司的管理体系、人员规模、所属区域不同，集团主办公司如何统筹管理企业内部票据也成了难题，针对企业的痛点，建立了动态票据池管理体系，提供多渠道、线上化的票据信息统计查询服务，客户在银行建立所属票据账号后，进行线下签约，结合行内信贷管控，根据客户资质，批复资产池融资合同以及统一授信合同，企业可以将自己的商业汇票进行质押，银行提供代理查询、到期托收和信息管理功能，客户质押到期的票据，由银行自动提示付款，提示付款成功，自动回款保证金户。针对集团客户，可根据公司性质，选择不同集团模式，如调配、挂靠、统管等模式。当集团内部完成签约，形成集团树，主办单位可以掌握整个集团票据情况，消除信息孤岛，节约财务成本。票据池实现了对商业汇票统一管理、到期托收、异常提醒等功能，帮助企业解决管理难的问题。

2. 全线上自动化开票。企业将自己的资产入池，形成入池额度，根据行内信贷的最大授信额度与入池额度取最小值，确定企业可用来融资的可用额度，可用额度可进行线上开立承兑汇票。

如图 5 所示，考虑贷后风险，客户准入需进行风控校验，风控决策模型引入征信、市场、司法数据，构建风控规则，申请用户资料进入决策系统，按规则一步步进行筛选，遇到高风险点直接自动拒绝。无风险、低风险申请用户进入评分系统，其中无风险、高分档客户，直接自动通过。评分低于一定阈值的客户执行自动拒绝。评分处于中间值的客户，进行人工审核确定是否存在风险，作出决策。审核拒绝的客户风险达到一定级别，进行加黑、加灰，更新到风控规则中。当用户风控校验通过，可输入开票总金额、票据账户、单张票据金额，系统自动向人民银行ECDS发起开票登记，出票登记成功后，可在线提示承兑、提示收票等，整个流程全线上化操作，提高了业务效率。

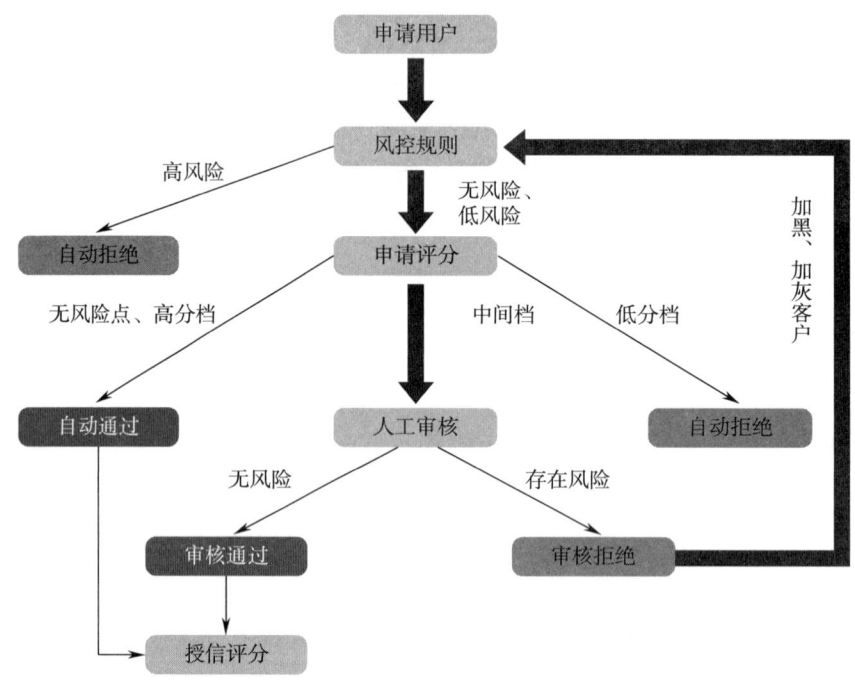

图5 风控校验规则

3. 全线上自动化贴现。企业收到票据，有大量变现的需求，往往要把票据通过贴现的形式获得流动资金。但是传统的线下贴现，流程烦琐、审批困难，不能满足企业资金周转的效率要求。对公业务综合支付服务平台打通网银、信贷系统、票据系统、核心系统和数据独自存放，实现从票据贴现申请、风险名单准入、统一额度校验、票据状态查询更新、贴现成功放款、合同以及账务信息同步等流程全线上自动化处理。并且考虑多种业务场景，线上秒贴可以根据业务流程进行差异化配置，包含名单管理、价格管理、额度管理、后台管理、报表管理等功能模块，支持银票贴现、商票贴现以及跨行贴现等多种贴现业务类型。对于企业来说，这是"用明天的钱赚后天的钱"，真正解决小微企业支付成本高问题。另外，银行通过提供线上秒贴业务既可以向贴现人收取一定的贴现利息，还可以持票向其他银行办理转贴现或向人民银行申请再贴现。

风险管理

商业银行智能风控应用的局限性

文/李鹏飞[*]

摘要： 金融科技发展日益精进，特别是人工智能和大数据技术逐步实现突破，商业银行智能风险控制方案建立健全成为行业内研究热点。对比分析传统风险控制与智能风险控制的理论依据与案例，研究发现智能风险控制虽然随着人工智能和大数据技术的逐步优化不断发展，但其应用落地过程中具有局限性。因此，建议商业银行通过人工与智能风险控制方案相结合落地，避免过度依赖智能风控；同时在总结业务经验、积累业务数据基础上，通过后期"搭便车"方式，实现符合自身业务发展的智能风险控制体系的建立与完善。

关键词： 智能风控　商业银行　人工智能

近年来，大数据、云计算、人工智能等新技术方案日益成熟，应用落地成本显著降低。商业银行作为金融体系的重要枢纽，构建高效率低损耗风险控制防火墙是其发展的内在驱动因素，通过运用机器学习等新兴技术，基于行内外大数据与动态模型，组建智能风控体系，提高风险识别与控制效率，已在商业银行风险管理中发挥重要作用。

商业银行在自身智能风控体系构建过程中，不同商业银行的体系构建具有差异化。民营银行因为成立时间较短，本身具有的技术背景导致风控模型体系搭建更具有效率。传统商业银行从传统风控体系过渡到智能风控体系，管理惯性似乎更不利于新技术落地实施。通过综合对标传统风控与智能风控的要素差异性，构建对标案例模型分析管理倾向，进一步推导智能风控的发展趋势倾向，研究认为

---

[*] 作者单位：武汉众邦银行股份有限公司。

考虑到智能风控应用的局限性,传统商业银行的智能风控体系搭建更具有应用意义。

一、传统风控与智能风控的要素管理方向

传统风控流程设计中,商业银行对于风险的判断具有丰富的经验,授信和贷后体系的建立也是基于风险控制要求而设置,风控标准与落地实施并不具有可重复性,随机性较高,实际上更倾向于内在发展的经验总结与感观,对表层数据的参考意义并不是重点。研究已经证实表层数据对于实际发展并不具有显著可参考性,唐弋夫通过实证研究数据发现,长三角地区新三板挂牌农贷公司2014年到2018年的不良贷款率与相关财务数据并不具有相关性,意味着农贷公司的金融服务风险主要来源于内部因素。

智能风控流程布局中,商业银行智能风控本质是计算效率提高情况下,对贷款事件的高度镜像还原,即对贷款实体历史数据的高度拟合,并用于估算客户还款行为。相关文献研究较为集中于大数据的应用方向与监管实施。谢清河(2016)研究认为,大数据在风险控制方面的应用需加强数据库建设,从而保障准确性。王晋之和胡滨(2017)针对京东白条专项产品的实证研究,对信用风险、合规风险与平台风险的控制应用方案进行了介绍。李佳、钱晨(2018)等针对此类大数据风险控制进行了全面分析,强调需加强数据库构建与算法解析。陆岷峰与王婷婷(2021)研究认为大数据风控可应用于小微企业的所有资产进行评估折现,通过技术手段进行全覆盖性的管理与控制,从而为商业银行相匹配的信贷资源提供基础。

对标发现,智能风控具有对全流程事件还原核算使风险事件样本具有多角度的穿透式检查,传统风险控制基于社会发展的趋势经验总结,整体风险事件的概括基于客户经理的经验与从业习惯,对风险事件的刻画更为抽象,无法具体化与细节化,要素管理方面相对智能风控处于劣势。

二、传统风控与智能风控的应用操作特点

传统风控具有长期的应用落地可实施性,其发展趋势的经验总结有利于发现

并解决问题。以贷款客户为例，贷前检查针对要点并不全面，具体仅包括工作单位、经济收入、家庭结构、学历、贷款用途、还款能力等；现场检查中涉及的周报数据与舆情监测数据也不全面。但是，贷前检查中具有经验的客户经理会更为关注面谈与授信谈话过程中的情绪表达与还款倾向；贷款周期内客户经理对于直接还款人进行人情关系维护，从而促使贷款人更主动说明压力与主动还款。

智能风控关注事件还原，以目标导向推进全流程精细复述，风险事件描述核准精确，但极易逃避。当前智能风控是目标导向性的，目标导向的结果就是保证还款与基础创利核算，即对整个贷款放款与还款流程的模拟刻画，从而估算出贷款金额、利率与期限等一系列条件。但是，人工智能、大数据等计算模型样本具有的稳定重复性导致通过摸索调试参数的方法，规避关键要素即可逃避风控要点，因为机器经验判断依据为线性而非经验导致的多元非线性，整体的风险控制极易出现大批量刻意逃避。

对标发现，智能风控虽然可以构建对于客户借还款的精细预期模型，但模型基本参数唯一，具有被刻意逃避的潜在风险；同时，智能风控模型的风险后置，后期催收的压力增大。传统风控从贷前至贷后均人工参与，客户经理、审贷人员的个人经验有效防范了规避、恶意等基础风险，有效降低了后期催收的压力。

三、传统风控与智能风控的对标案例

通过商业银行业务案例，传统风控与智能风控两者审核机制的差异性得以有效展现。通过表1列举三个事实案例阐述要素与应用差异。

表1　　　　　　　　　　风控案例要点情况对标剖析

案例	要素	传统风控判断	智能风控判断	补充说明
首次购房未婚客户，购房为男方婚房，女方有房有贷	征信空白	参考，不表态	参考，不表态	客户总资产超过300万元，成为私银贵宾客户
	无工作，无收入证明	参考，否决	参考，否决	
	私房，具有小产权证	参考，有条件同意	不参考	
	私房超400平方米，五层小楼	参考，有条件同意	不参考	
	收租金，现金流充足	参考，同意	不参考（因为无工作）	
	未婚妻有担保意愿	参考，同意	不参考（因为未婚）	
	还款态度很好，沟通顺畅	参考，同意	不参考（非理性因素）	
	购房用途与原因	参考，同意	不参考（无法判断）	

续表

案例	要素	传统风控判断	智能风控判断	补充说明
夫妻客户为儿子购房，购房说明为婚房，儿子无女朋友到场	征信空白	参考，不表态	参考，不表态	直接拒绝；后期此客户置业顾问伪装客户接听电话成功骗取另一银行商业贷款，构成重大违法犯罪事件[注1]
	经营小卖部，有工作证明	参考，同意	参考，同意	
	存在经营流水	参考，同意	参考，同意	
	客户不关心还款金额与周期	参考，存疑	不参考（无法判断）	
	客户儿子表示与自己无关	参考，存疑	不参考（无法判断）	
	客户一家不接电话	参考，否决	不参考（无人工要素）	
	客户一家现场沟通不表态	参考，否决	不参考（无人工要素）	
小微企业主申请信用类周转贷款	征信数据完备，无逾期	参考，同意	参考，核算规模、利率、违约风险等因素	传统风控从要素角度可能无法形成拒绝，如果客户数据表观正常[注2]
	征信详细数据	部分参考（主要依据客户经理经验）		
	个人数据（比如，手机号码持有天数等、地址信号等，来源多样）	部分参考（无法提供）		
	涉法数据（比如是否存在法律争端等）	部分参考（无法全面获取分析）		

注1：置业顾问伪装接听电话在传统风控中也是极易出现的违法事件。但是，有经验的客户经理在此客户还款意愿存疑以后，即使置业顾问伪装帮忙通过电话核实，客户经理有主动再次回访、主动不提交此档案至放款流程等多种手段可以进行干预。

注2：智能风控在多个数据样本之间存在关联验证，通过历史数据统计发现客户存在多个显著特点后，给予压缩额度、提高利率或者拒绝，这种方法在传统风控中无法落地。传统风控主要参考沟通过程中，客户经理对于客户还款压力与情况的判断。

对标发现，智能风控对于数据累积要求越多越好，这符合大数据和人工智能核算的技术发展特征，通过大数据累积处理、人工智能的高效识别判断从而更细化完成事件还原，从而估算出贷款金额、利率与期限等一系列条件。但是，缺乏历史数据的情况就会出现空白底层数据刻画，这时候的方案只有两种，即"同意"和"拒绝"，"同意"的方案一般采用历史数据的平均值，这就造成"撸贷"现象；"拒绝"的方案则会导致商业银行"首贷率"（首次贷款规模在全部贷款规模中的占比）较低。"首贷率"较低的现象已经引起监管部门注意，要求从内部考核方面保证"首贷率"逐步提升。

四、智能风控应用的局限性

（一）智能风控具有模型压力，导致局限性

历史中的事件并不完全等同于未来的事件，事态发展的过程是无法进行预判

的。智能风控模型的本质在于以统计学角度预测未来风险的发生情况，模型应用本身具有局限性。肖馨等研究认为，智能风控目前存在方法论不统一、数据基础治理不完善、模型构建与理论欠缺等问题，建议从基础理论着力深化改善，优化智能风控监控作用。王乾研究认为智能风控逐渐成为商业银行进行风险管理的重要手段，但是智能风控的核心是人工智能和大数据，本身存在基于历史数据难以准确预测未来，源于特定场景难以精准分析，以及需要决策人的主观判断等弱点，即智能风控现实风险监控作用仍欠缺。

（二）智能监控具有数据压力，显著熵增不经济化

智能风控发展目标是针对单一客户实现专项分析与调整。早期，智能风控根据大数据累积模型参与判断发展趋势的变化概率，以风险概率产生调整方案将风险事件发生的概率降低至一定范围内，即通过历史数据优化考查监测指标，进一步地提升智能风控识别程度，针对性地选取任何一个客户的一笔贷款进行专项分析调整。最终，智能风控测算单一客户数据显著扩大、涉及的人工智能算力也保持在高位，单一客户核算产生大量信息熵增，智能风控成本支出显著高于创利，极度浪费反而无实施意义。

五、智能风控发展的规划建议

建议商业银行从两个方面开展智能风控方案的落地实施。一方面，平衡人工与智能。商业银行落地实施智能风控过程中，很容易忽视人工的重要性，虽然智能风控在效率、应用范围、定价测算等多方面较人工具有绝对优势，但任何测算模型本身都是统计学中的显著样本，存在天然漏洞，长期使用过程中，将不可避免地被"穷举"发现漏洞方案，这也是"撸贷"现象存在的原因。而前面提到的智能风控的发展应用局限性，就是将这种漏洞的可能性以高强度的覆盖性计算冗余掩盖。此种情况下，漏洞理论上存在但无法实现，系统处于高熵增不经济状态。

另一方面，积极"搭便车"。智能风控的发展伴随着人工智能、大数据核算与保存等多种技术的更新迭代，并且此种迭代是非线性的。从头建立自己的智能风控体系并不划算，极易被淘汰或者无实际应用性。从这个角度来看，采用早期购买相关系统，与体系内人工方案相契合提高应用效率，积累数据样本；等待智

能风控技术完全成熟化,依托行内前期使用经验与累积的数据样本,完成行内二次更新迭代,形成自有独立的智能风控体系更为适用。

参考文献

[1] 唐弋夫. 乡村振兴战略实施中金融服务风险影响因素——来自长三角地区新三板农贷公司不良贷款率的经验证据 [J]. 西南大学学报(自然科学版), 2020, 42 (12): 107 – 116.

[2] 谢清河. 大数据时代小微企业智能审贷问题研究 [J]. 金融发展研究, 2016 (11): 51 – 56.

[3] 王晋之,胡滨. 互联网消费信贷风险分析与应对——基于"京东白条"案例的分析与思考 [J]. 金融与经济, 2017 (3): 41 – 45, 53.

[4] 李佳,钱晨,黄之豪. 大数据时代:人工智能与商业银行创新 [J]. 新金融, 2018 (12): 31 – 36.

[5] 陆岷峰,王婷婷. 数字技术与小微金融:担保与风险转移模式创新研究——基于数字技术在商业银行小微金融风险管理中的应用 [J]. 当代经济管理, 2021, 43 (3): 72 – 82.

[6] 肖馨,马远,陈璐. 商业银行智能风控探索 [J]. 中国金融, 2019 (11): 44 – 46.

[7] 王乾. 智能风控在商业银行普惠金融中的应用 [J]. 银行家, 2021 (5): 122 – 124.

关注利用分账平台规避备付金集中存管风险

文/张丰麒 董 伟[*]

摘要： 随着国家大力推进"产业互联网"，越来越多的企业转型升级，市场上开始出现垂直电商、撮合平台，电商平台数量增长。为帮助电商平台完成二级商户的交易资金结算，同时避免触及"二清"监管红线，非银行支付机构（以下简称支付机构）、商业银行、清算机构（单独或者多方合作）纷纷推出了包含支付、结算、分账等功能的分账平台。分账平台通过与电商平台业务系统对接，向电商平台提供量身定制的集"收、付、管"于一体的资金管理解决方案。经分析，部分分账平台存在规避备付金集中存管、私设"资金池"嫌疑，易引发资金风险，急需关注。

关键词： 分账平台 备付金 资金结算

一、业务模式

以常见场景（二级商户入驻电商平台，买家下单支付，二级商户发货，买家收货确认交易完成，二级商户收款，电商平台抽取佣金）为例，对比分析已有的合规模式和存在风险的两种备案创新模式。

（一）合规模式，如某支付机构的"直付通"产品

电商平台与该支付机构签约直付通产品业务合作协议，电商平台向该支付机构同步二级商户信息，该支付机构与二级商户签订收单协议并履行对二级商户

---

[*] 作者单位：中国人民银行青岛市中心支行。

"了解你的客户"职责,落实对二级商户的交易资金结算以及平台的佣金分账。该模式下,客户资金从备付金集中存管账户直接进入二级商户账户。"直付通"产品资金支付流程如图1所示。

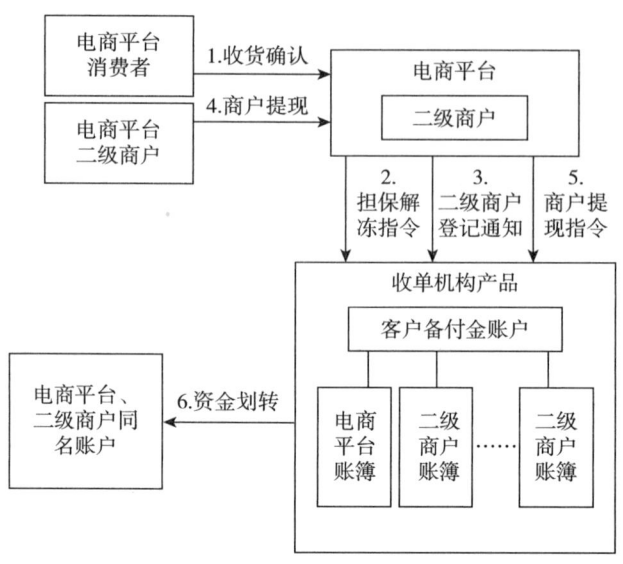

图1 "直付通"产品资金支付流程

(二)备案模式一,如A支付机构与B银行合作产品

A支付机构与电商平台签订业务合作协议,为电商平台提供收单、分账、代付等综合支付服务。电商平台以收单商户名义入网,A支付机构将收单资金结算至电商平台在B银行开立的资金托/存管账户;同时为电商平台二级商户建立虚拟账簿,自动记账;电商平台发起提现指令,资金从托/存管账户进入备付金集中存管账户,A支付机构通过代付业务为二级商户结算资金。资金托/存管账户资金通过A支付机构备付金集中存管账户出入金,B银行与A支付机构共同履行资金监管职责。A支付机构负责对电商平台及二级商户进行真实性审核。该模式下,客户资金从备付金集中存管账户结算至二级商户的账户之前会经过电商平台在B银行开立的托/存管账户。备案模式之一资金支付流程如图2所示。

(三)备案模式二,如C银行与D清算机构合作产品

D清算机构提供针对电商平台分账需求的解决方案与服务平台,C银行拓展电商平台,对电商平台及其二级商户进行管理。电商平台以大商户模式在某收单机构入网,收单结算账户设置为电商平台在C银行开立的资金托/存管账户。C

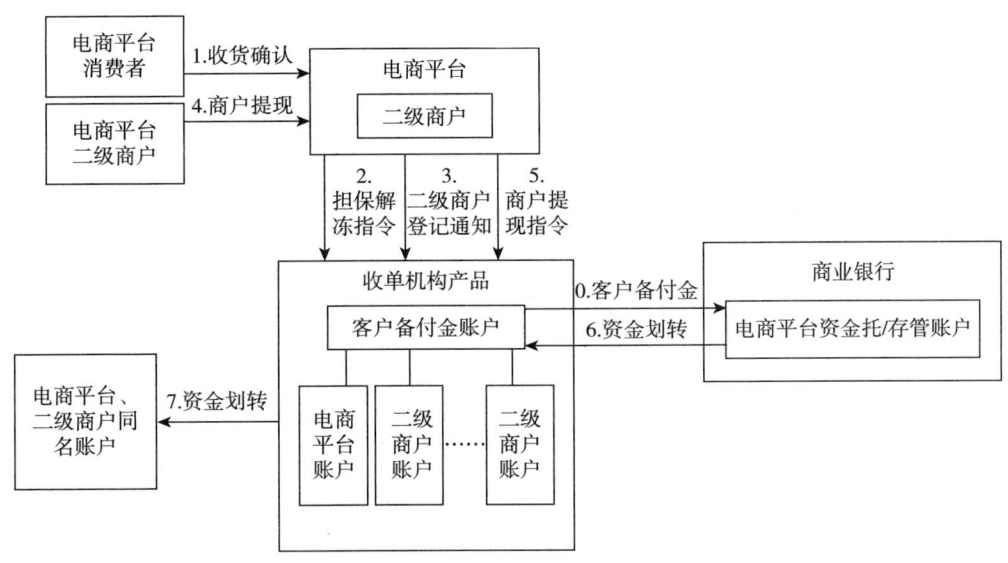

图 2　备案模式一资金支付流程

银行与电商平台签订资金存管协议，为其开立资金托/存管账户，同时通过 D 清算机构的服务平台为其提供分账等综合支付服务，为二级商户建立虚拟账簿，自动记账。电商平台发起提现指令，C 银行通过代付业务从托/存管账户划转资金至二级商户账户。C 银行负责对电商平台及二级商户进行真实性审核。该模式下，客户资金从备付金集中存管账户结算至电商平台在 C 银行开立的托/存管账户，再从托/存管账户结算至二级商户账户。备案模式二资金支付流程如图 3 所示。

二、存在的风险

（一）客户备付金可能被挪用、违规占用

两种备案模式中，客户备付金均由收单机构结算至电商平台在商业银行开立的资金托/存管账户，再根据电商平台指令结算至二级商户，该结算方式属于资金"二清"，与客户备付金集中存管的监管意图相违背。同时，客户备付金在资金托/存管账户期间被挪用、违规占用风险增加，影响客户资金安全。

（二）交易信息缺乏透明度、可追溯性

两种备案模式中，均对传统收单业务流程进行了拆分，将一笔收单业务拆分

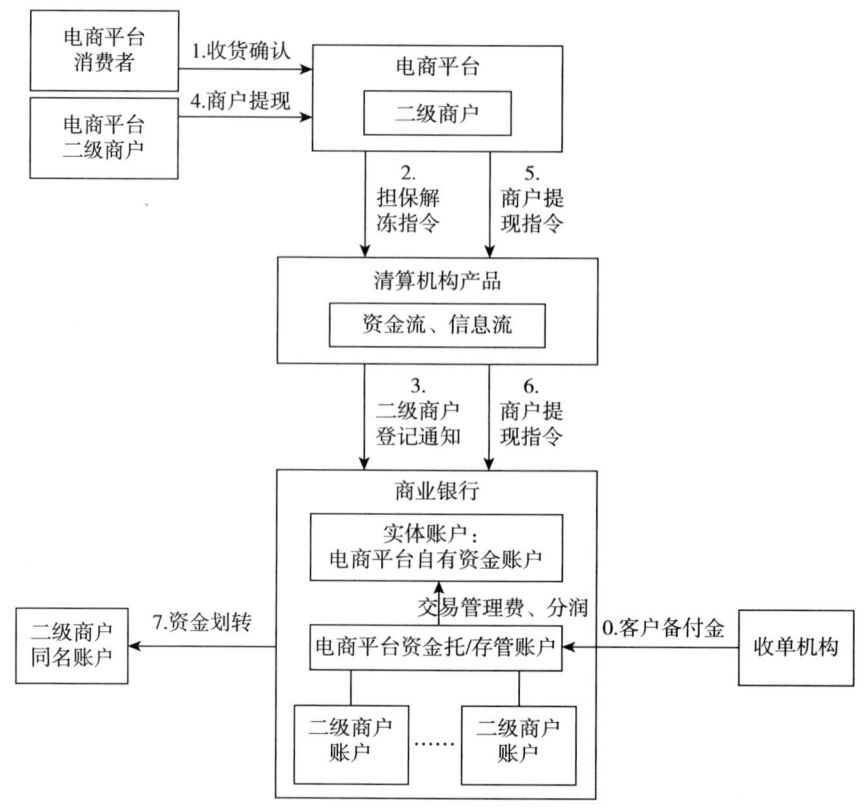

图3 备案模式二资金支付流程

成收单和代付两笔业务。同时，在收单环节，电商平台以大商户名义入网，导致交易信息不真实、交易不可追溯。违反了《银行卡收单业务管理办法》（中国人民银行公告〔2013〕第9号）、《中国人民银行关于加强支付结算管理 防范电信网络新型违法犯罪有关事项的通知》（银发〔2016〕261号）等的相关规定。

（三）破坏收单市场秩序

两种备案模式的出发点在于将客户备付金从人民银行转移到商业银行，获取客户备付金利息收入，《国务院办公厅关于印发互联网金融风险专项整治工作实施方案的通知》第二条第三款第一项"……人民银行或商业银行不向非银行支付机构备付金账户计付利息……"的规定，该模式重回备付金集中存管前的老路，偏离了提供支付服务的主业，破坏了公平竞争的市场环境，造成支付服务市场的无序和混乱。

三、政策建议

（一）建议叫停涉嫌规避备付金监管的分账平台业务

对支付市场上现存的分账平台进行摸排，分析资金流，合理区分合规分账平台和违规分账平台。对发现违反备付金监管规定的分账平台，立即叫停相关分账平台业务，限期整改。同时引导互联网电商平台与支付宝的直付通产品等符合监管规定的分账平台合作，完成交易资金结算。

（二）加强对支付市场创新业务的监管

近年来，我国支付业务创新不断发展，支付服务环境日趋完善，对提高支付效率、便利社会生产生活发挥了积极作用。但实际中仍存在支付创新业务未按照《中国人民银行关于规范支付创新业务的通知》（银发〔2017〕281号）要求事前报告。建议各地监管部门加强对支付主体的日常业务监测，督促其对创新业务进行事前报告，进一步维护支付服务市场公平竞争秩序，推动支付服务市场持续健康发展。

（三）强化支付服务市场主体合规意识

各银行、支付机构应当切实增强社会责任意识，遵循依法合规、安全可控、商业可持续的原则，稳妥推广支付业务，共同维护支付服务市场健康持续发展。不得滥用本机构及关联企业的市场优势地位，排除、限制支付服务竞争；不得采用低价倾销、交叉补贴等不当手段拓展市场；不得夸大宣传、散布虚假信息，损害其他市场主体的商业信誉。

（四）充分发挥行业自律作用

动态调整支付结算违法违规行为重要举报事项，将扰乱市场秩序、侵害消费者合法权益等行为纳入重要举报事项范畴，进一步加大自律惩戒力度。

防范虚拟货币洗钱的思考

文/李嘉雯*

摘要： 随着近几年虚拟货币的发展，国际和国内利用虚拟货币洗钱的案件层出不穷，虚拟货币也成为近几年热门的新型洗钱工具。虽然越来越多的国家开始承认虚拟货币的合法性，并将虚拟货币纳入监管体系，但虚拟货币的匿名性、流动性等特点导致反洗钱控制措施难以有效实施。本文从虚拟货币的特点分析了监测虚拟货币洗钱犯罪的工作难点，并通过研究这种新型洗钱手法以及虚拟货币自身特点思考了如何提高防范虚拟货币洗钱风险的能力。

关键词： 虚拟货币　洗钱手法　防范手段

计算机通信技术的应用以及作为新兴媒体的互联网迅速发展是产生虚拟货币的技术基础。进入 20 世纪 90 年代后，互联网逐渐走进社会的日常生活。而作为新兴媒体的互联网发展速度超过了以往其他所有技术发展的速度。互联网技术的发展连接了全球经济一体化、促进了电子商务的发展，在这个过程中，人们的支付方式也发生了翻天覆地的变化，虚拟货币应运而生。

一、虚拟货币的概念

早期互联网中出现的虚拟货币被界定为网络游戏中的虚拟兑换工具。2009 年 6 月 4 日发布的《文化部、商务部关于加强网络游戏虚拟货币管理工作的通知》指出，虚拟货币是由网络游戏运营企业发行，游戏用户使用法定货币按一定比例直接或间接购买，存在于游戏程序之外，以电磁记录方式存储于网络游戏运

---

*作者单位：随行付支付有限公司。

营企业提供的服务器内,并以特定数字单位表现的一种虚拟兑换工具。网络游戏虚拟货币用于兑换发行企业所提供的指定范围、指定时间内的网络游戏服务,表现为网络游戏的预付充值卡、预付金额或点数等形式,但不包括游戏活动中获得的游戏道具。

随着互联网全球化进程的加速与区块链技术的不断发展,虚拟货币又出现了新的表现形式。2014年,欧洲银行管理局对虚拟货币作出了最新定义:虚拟货币是价值的一种数字表达,它不是由中央银行或某个公共权威机构发行,也不一定与某一法定货币挂钩,但被自然人或法人接受作为支付手段,可以进行电子化转移、储藏或交易。

二、虚拟货币分类

在虚拟货币发展的过程中,可以大致将虚拟货币分为两类,一类是基于特定网络场景的虚拟货币,这类虚拟货币的使用场景主要有游戏中的游戏币以及即时通信工具发行的专用货币,较为常见的有游戏充值点卡、游戏中用于购买装备的"金币"、"钻石"、腾讯Q币等,由于此类虚拟货币具有特定的使用场景,且购买者一般需要在网络中进行实名认证,所以这类虚拟货币的洗钱风险相对较小。

另一类虚拟货币也可以称为新型数字虚拟货币,这种虚拟货币通过复杂的数学算法,基于密码学和现代网络技术产生,是一种特殊的电子化、数字化的网络密码币,较为典型的有比特币、以太币、莱特币等,这类数字货币没有特定的发行主体,且流通范围较广,这也导致了该类虚拟货币作为新的洗钱工具出现在大众的视野。

三、虚拟货币风险特征

虚拟货币作为近几年基于互联网与区块链技术的飞速发展得以兴起的一种新型货币,既具有传统货币的作为支付流通手段的作用,又具备其自身的鲜明风险特征。

(一)去中心化风险

传统货币由央行统一发行,但虚拟货币的发行并不依赖特定主体机构,而是依托计算机算法和互联网区块链技术,这种带有明显去中心化特征的运行机制使反洗钱监管机制缺乏有力的抓手。在传统的监管体系下，银行的资金结算都需要经过统一的支付清算结算系统进行，集中的支付清算结算系统保障了交易链路的可追溯性，使得提供支付渠道的金融主体在履行反洗钱义务时可以及时监测可疑交易。但针对虚拟货币这种去中心化管理方式，意味着如果虚拟货币的买卖和使用仅通过互联网或者非法交易渠道而非合法交易渠道进行的话，将没有监管规定的合法义务主体对虚拟货币洗钱犯罪的线索进行上报。监管的缺失导致虚拟货币游走在法律外缘的灰色地带，更容易被不法分子利用进行洗钱活动。

（二）匿名性风险

从虚拟货币的交易主体来看，以比特币为例，比特币分为公钥和私钥两个部分，可以把公钥看作交易地址，把私钥看作交易主体，也就是购买比特币的客户设置的密码，公钥的产生是基于私钥的计算，而私钥由客户自己掌握，且私钥只是一串密码，并不需要客户上传自己的信息，在交易过程中也只需要验证买卖双方的私钥就可以完成交易，这就意味着完全无法获取交易主体信息。在反洗钱义务中，最重要的一项就是客户身份识别，如果在第一步就无法识别客户身份，那么后续的客户尽职调查义务、客户身份资料和交易记录的保存义务、上报大额交易和可疑交易报告等反洗钱义务都难以继续履行。

从虚拟货币的交易方式来看，区块链凭借多点记账和共识算法构成的分布式信任机制，导致了不设数量上限货币移转信息记录与系统维护的主体分散化。还是以比特币为例，比特币的移转信息全部记载于底层区块链账本之中，每个节点均可共享一套相同的账本，并由节点通过创立区块的方式维护整个货币移转系统。虽然区块链上的交易记录是完整的，但却不能保证交易信息的真实性，例如，在互联网环境下，虚拟货币买卖双方可以通过不记录网络访问日志的虚拟专用网络来隐藏交易信息，这样即使区块链上有交易记录，但地址却是错误的，同时还可以通过每次交易更换地址，来确保交易主体的匿名性。相比传统交易方式，这种基于网络环境的"非面对面"交易方式阻断了对交易链路的查询，使虚拟货币"来无影去无踪"。

（三）跨境资金流动风险

在经济全球化的背景下，互联网已经构建了一个连接全球的虚拟世界。而虚拟货币正是在这种时代背景下所诞生的产物，从虚拟货币的获得方式来看，虚拟货币的交易过程都依托于互联网及区块链技术，而这一特点也使虚拟货币可以在全球范围内无障碍进行快速流转,并且能够快速兑现,这种高流动性的交易方式使对虚拟货币交易过程的监测越发艰难。在传统洗钱方式里,跨境洗钱本就是反洗钱领域的监测难点,资金在多国流转,交易链路的查询以及交易证据的调取都需要各国协调,而虚拟货币的出现更加方便了资金跨境流转。

在和日常生活息息相关的领域当中,经济全球化带来的变化是肉眼可见的,通过网络购买商品不再局限于地域。通过各种海淘网站,可以购买从全世界各地发货的商品,而且已经有许多海淘网站开始支持用虚拟货币支付货款。除此之外,北美和西欧的许多国家已经将虚拟货币合法化,甚至允许使用虚拟货币支付工资,在这种情形下,虚拟货币的流动速度又将有一个大幅提升。如何应对虚拟货币跨境流动带来的洗钱风险也成为反洗钱领域的一个巨大挑战。

四、虚拟货币洗钱手法

通常来讲,典型的洗钱可以分为处置阶段、离析阶段和融合阶段三个阶段。而利用虚拟货币进行洗钱也离不开这三个阶段。

第一步,处置阶段,是指将犯罪所得投入清洗系统的过程,处置阶段是最容易发现洗钱线索的阶段。对于虚拟货币来说,在这个阶段犯罪分子会将犯罪所得用于购买虚拟货币,将非法资金注入所要"清洗"的渠道。实际案件中犯罪分子可能会使用去中心化交易购买虚拟货币,或者使用混币服务商、虚假网络访问地址等手法隐藏虚拟货币的来源。

第二步,离析阶段,在传统洗钱犯罪手法中,这一步是指犯罪分子利用金融机构,将犯罪所得存入银行,或转换为银行票据、国债、信用证以及股票、保险单证或其他形式的资产。有的也将犯罪所得投入地下钱庄等非正规汇款体系转移到外国。但在虚拟货币洗钱方式中,这一步更为容易,因为通过金融机构进行的操作有迹可循,而基于虚拟货币的匿名特征,洗钱者可以通过使用大量个人客户账户不断使用虚拟货币进行多次转账,隐藏真实交易链路,从而掩饰犯罪所得的性质和来源,这种方法也多被用于跑分平台洗钱案件中。

第三步,融合阶段,即将分散的犯罪所得与合法财产融为一体,为犯罪所得提供表面的合法掩饰,在犯罪所得披上了合法外衣后,犯罪分子就能够自由地享用这些非法收益。在虚拟货币洗钱案例中,犯罪分子不断转移和洗白非法所得后，其持有的虚拟货币已基本不受限制并且相对安全，此时他们只需将所有被洗过的虚拟货币整合到某一地址上最后提现，这样就基本完成洗钱操作了。

目前较为常见的虚拟货币洗钱方式主要有直接利用虚拟货币交易进行洗钱、利用跑分平台清洗上游犯罪的违法所得资金等。

（一）直接利用虚拟货币交易进行洗钱

这种方式较为简单，仅利用了虚拟货币的匿名性就完成了洗钱。在这种洗钱方式中，通常由犯罪分子直接在不需要实名认证的交易所购买虚拟货币，接着将大量虚拟货币分批兑换成门罗币、达世币等匿名币或者一些不常见的"小众"虚拟货币，再将这些匿名币通过不同的交易所进行转移，完成多次转移后进行套现，将虚拟货币兑换成传统货币。

例如，在2022年7月15日，香港特区政府网发布新闻公报称，香港海关于7月8日瓦解一个疑似洗黑钱集团，涉案金额高达12亿港元。这是香港海关首次侦破疑似清洗黑钱集团利用虚拟货币清洗黑钱的案件。在此次洗钱活动中，三名犯罪分子分别作为董事注册了三个公司，并通过公司在虚拟货币交易平台开户，使用一种与美元、港元挂钩，称为"稳定币"的虚拟货币，利用"币入币出"及"币入钱出"两种方法交易，将虚拟货币在电子钱包之间转换，又或将虚拟货币转成法定货币，属于典型的直接利用虚拟货币交易进行洗钱案例。

（二）利用跑分平台清洗上游犯罪的违法所得资金

"虚拟货币跑分"新型骗局是指犯罪分子通过搭建非法平台，然后利用高收益作为诱饵吸引普通人到平台抵押虚拟货币进行买卖交易。一般情况下，参与跑分的用户需要抵押一定的虚拟货币，并在抵押的前提下拿着跑分平台给予的非法资金到场外交易平台购买虚拟货币，从而获取佣金。

以某跑分平台为例，该案犯罪分子首先在我国境内搭建一款跑分平台App，然后由对接人联系境外上游犯罪分子，寻求上游黑灰产业平台的洗钱需求，接着由境内跑分平台运营者通过"分层代理、分级抽头"的方式，以低投入、高收益为噱头，招揽大量"跑分客"在App中进行跑分，为了躲避金融机构的风控资金监管，该团伙将境外的非法资金兑换为与美元1:1锚定的泰达币，在收取跑分客抵押金、返还佣金时也使用泰达币进行，将虚拟货币引入跑分平台，使资金链更加隐秘。截至收网前，查明跑分平台为1900余家上游黑灰产业提供资金支付渠道和结算服务，使300余亿元人民币资金脱离监管流向境外。

不难看出，以上两个比较典型的利用虚拟货币洗钱案例都利用了虚拟货币监管缺失、匿名性和流动性风险较高的特点，将来源于上游犯罪的非法所得资金进行洗白。基于虚拟货币这种新型洗钱工具的特征，在如何防范虚拟货币的洗钱风险、提升履行反洗钱义务能力方面，需要进行更深刻的思考。

五、如何防范虚拟货币洗钱

2017年，人民银行等七部门联合发布了《关于防范代币发行融资风险的公告》（以下简称《公告》），叫停虚拟货币的直接交易。《公告》强调，代币发行融资中使用的代币或"虚拟货币"不由货币当局发行，不具有法偿性与强制性等货币属性，不能也不应作为货币在市场上流通使用。《公告》发布之日起，各类代币发行融资活动应当立即停止，已完成代币发行融资的组织和个人应当作出清退等安排。

2021年9月24日，人民银行等十部门发布了《关于进一步防范和处置虚拟货币交易炒作风险的通知》（以下简称《通知》），明确了虚拟货币相关业务活动属于非法金融活动。该《通知》明确指出，虚拟货币兑换、作为中央对手方买卖虚拟货币、为虚拟货币交易提供撮合服务、代币发行融资以及虚拟货币衍生品交易等虚拟货币相关业务全部属于非法金融活动，一律严格禁止，坚决依法取缔；境外虚拟货币交易所通过互联网向我国境内居民提供服务同样属于非法金融活动。同时《通知》也明确规定了金融机构和非银行支付机构不得为虚拟货币相关业务活动提供服务。

通过对比可以看出，2017年我国禁止了虚拟货币的使用及交易，明确了虚拟货币交易的违法性。但是由于虚拟货币的去中心化管理、匿名性和流动性高等特点，《公告》并没有对其中的交易细节及如何禁止虚拟货币交易方面作出明确规定，这也让后来的虚拟货币钻了不少政策的漏洞。而2021年的《通知》则从源头上掐断了虚拟货币交易的可能性，对银行和非银行支付机构等提供交易渠道的被监管主体提出了明确要求。

基于近几年出现的大量利用虚拟货币进行洗钱的案例，不仅监管机构在摸索如何从虚拟货币的具体交易方式及交易渠道方面进行规则限制，银行和非银行支付机构也应当思考如何提高防范虚拟货币洗钱风险的能力。

(一) 多方合力打击虚拟货币洗钱行为

目前我国已全面禁止虚拟货币的流通，但由于虚拟货币的跨境流动特征，无法完全禁止虚拟货币跨境流入或流出，在这种虚拟货币的生存环境下，首先需要从国家立法层面加强对洗钱犯罪的打击力度，其次需要金融监管机构协同公安部门挖掘虚拟货币洗钱线索、打击虚拟货币洗钱犯罪，并及时向金融机构发布警示案例，为金融机构监测虚拟货币洗钱犯罪交易、总结虚拟货币交易的洗钱特点提供指导帮助。金融机构之间应建立信息共享机制，将机构发现的虚拟货币洗钱手法分享至业内。积极向社会公众普及虚拟货币洗钱风险的相关知识，警示民众虚拟货币洗钱犯罪的危害，提示民众不要成为虚拟货币洗钱的"帮凶"。

(二) 提高风险识别能力

1. 商户入网方面。通过研究众多的虚拟货币洗钱案例可以发现，由于直接购买显卡设备"挖矿"获取虚拟货币的成本较高，所以大多数犯罪分子还是需要通过官方支付渠道进行交易。不管是组织虚拟货币进行交易的交易所，还是非法买卖虚拟货币的个人用户，都需要开立银行账户或者支付账户，作为银行和非银行支付机构，在对客户开户、入网环节进行的审核就尤为重要。

虚拟货币交易所在开立银行账户或者支付账户时，登记的经营范围往往不真实，或者经营范围与互联网应用程序技术开发、互联网运营等相关，以此来隐藏真实交易目的，所以在对商户的入网审核方面，需要加强相关行业的风险管控，适当提高该类行业的风险系数，以确保后续对该类商户交易的持续监控。同时还需要强化对经营背景真实性的审核，要求客户提供经营相关互联网产品及业务的证明材料，从源头上保证客户信息的真实性、准确性、完整性。个人客户开立账户以供非法买卖虚拟货币或者为跑分平台提供账户的，需要开立账户的机构加强对客户开户时异常行为的关注，通过询问客户的开户目的、查验客户身份资料等方式进行风险识别。

2. 交易监测方面。在对虚拟货币洗钱犯罪类型的交易识别上，也应当总结其交易特征，关注其交易链路，结合客户信息分析客户交易形态是否正常。虚拟货币的交易往往都是为境外上游犯罪所得进行赃款"洗白"，然后再将资金转往境外，所以在交易监测中需要格外注意上下游交易中涉及跨境的交易。虚拟货币洗钱案件涉及的交易金额一般较大，且交易流速较快，所以在客户入网后就立即进行频繁大额转入、小额转出交易的行为需要予以关注，但虚拟货币的洗钱交易特征和其他犯罪类型洗钱特征有相似重合之处，还需要针对客户的身份资料、交易背景、行为特征等方面综合进行分析判断。

在对客户可疑交易的分析和识别中，限于单个机构获取的信息有限，建议可以在行业中组织定期交流研讨，或者建立信息共享平台，共同分析虚拟货币洗钱案件的金融犯罪手法，以加强对虚拟货币洗钱特征的识别能力。同时，针对虚拟货币这类新型犯罪手法，在通过不断研究相似案例、总结洗钱交易特征时，应及时更新反洗钱系统中的交易监测模型，通过技术手段加强对此类交易的监测。

（三）强化技术型专业人才建设

虚拟货币的原始获取需要使用到密码学非对称加密、P2P、共识算法、分布式技术等计算机技术，而这种基于互联网技术带来的技术风险，很容易导致虚拟货币发生被盗事件，虚拟货币的币值波动性会使得这种技术风险对经济稳定的影像程度扩大，需要强化技术型专业人才的建设以应对这种技术风险。

从反洗钱义务履行方面考虑，对虚拟货币交易的监测和追踪都需要强大的计算机网络技术，应该充分利用大数据的优势，通过对数据平台的技术分析，判断虚拟货币交易平台用户是否存在异常行为，及时实施监控。另外虚拟货币交易数据的保存，不但要详细，更要全面、真实、准确。如何完整监测虚拟货币的交易链路也是对我国技术专业人才的巨大考验。

参考文献

［1］李敏．虚拟货币的反洗钱监管探析及借鉴［J］．上海政法学院学报（法治论丛），2021（1）：17－19．

［2］李思佳．FATF 建议下虚拟货币反洗钱法律问题研究［J］．河北法学，2021，39（10）：174－177．

［3］赵长明．数字虚拟货币的特征与风险管理研究［J］．中国管理信息化，2021，24（15）：85．

［4］冯怡．虚拟货币洗钱风险及其控制研究［J］．金融理论与实践，2021（8）：84－85．

［5］牛丽飞．我国网络虚拟货币法律规制的相关问题研究［J］．法制与社会，2021（23）：42．

统计分析

2022年第一季度非银行支付机构业务发展情况分析

文/高阳宗　罗建华　崔元悦[*]

摘要：2022年第一季度，中国支付清算协会非银行支付机构类会员单位（以下简称支付机构）共完成支付业务2757.89亿笔、金额116.18万亿元，同比分别增长9.31%、1.15%，笔数增长幅度较金额增长幅度更大。2022年第一季度，受新冠肺炎疫情影响，不同支付业务类型发展情况差异显著。从交易金额上看，网络支付业务同比增速最快，银行卡收单业务基本与上年同期持平，预付卡交易同比降幅显著。从机构维度看，头部机构发展差异化持续。87家预付卡机构中，有23家机构交易额超过1亿元。

关键词：统计分析　非银行支付机构　业务发展

一、支付业务总体情况

（一）支付业务总体规模持续增长

2022年第一季度，支付机构共完成支付业务（含网络支付、银行卡收单、预付卡交易，以下简称交易总量）2757.89亿笔、金额116.18万亿元，同比分别增长9.31%、1.15%[①]。

---

[*] 作者单位：中国支付清算协会。
[①] 个别机构2022年第一季度银行卡收单数据口径按照支付司口径调整，并对2021年第一季度数据进行回溯修订。修订后2021年第一季度银行卡收单业务总量为144.95亿笔、金额13.25万亿元，支付业务总量为2523.08亿笔、金额114.85万亿元。

网络支付业务和银行卡收单业务总体稳定增长，预付卡业务交易量同比下降。网络支付业务金额 102.74 万亿元，同比增长 1.13%；银行卡收单金额 13.43 万亿元，同比增长 1.35%；预付卡交易金额 146.56 亿元，同比下降 6.26%。各类支付业务份额保持稳定，从交易总金额占比来看，网络支付业务占比 88.43%，银行卡收单业务占比 11.56%，预付卡交易份额仅为万分之一。

表 1　2022 年第一季度支付机构完成支付业务总体情况

业务种类	笔数			金额		
	笔数（亿笔）	同比增长	占比	金额（亿元）	同比增长	占比
网络支付	2593.90	9.97%	94.05%	1027363.69	1.13%	88.43%
银行卡收单	148.78	2.64%	5.39%	134282.88	1.35%	11.56%
预付卡交易	15.21	−21.23%	0.55%	146.56	−6.26%	0.01%
合计	2757.89	9.31%	100.00%	1161793.13	1.15%	100.00%

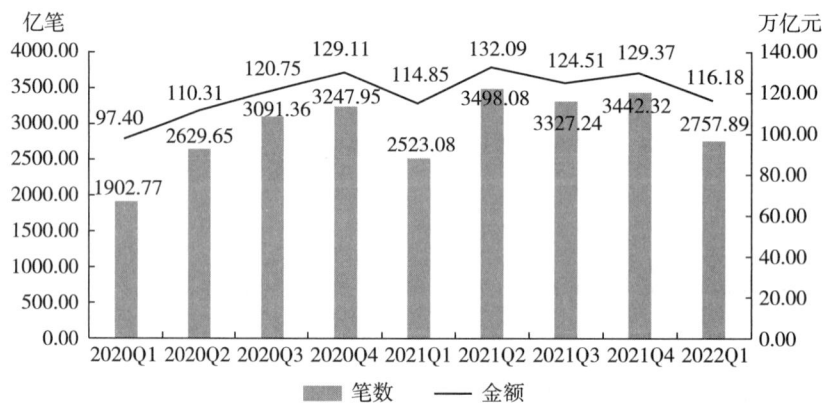

图 1　2020Q1—2022Q1 支付机构交易总量

（二）支付交易小额化特征进一步突显

2022 年第一季度支付业务笔均交易金额为 421.26 元，同比下降 7.46%。其中，网络支付笔均交易金额同比下降 8.03% 至 396.07 元；银行卡收单交易笔均金额为 902.56 元，同比下降 1.25%；预付卡交易笔均金额为 9.64 元，同比增长 19.16%。

表2　　　　　　　　2022年第一季度支付机构各业务笔均交易额

业务种类	2022年第一季度	
	金额（元）	同比增长
网络支付	396.07	-8.03%
银行卡收单	902.56	-1.25%
预付卡交易	9.64	19.16%
合计	421.26	-7.46%

（三）市场集中度高位稳定，前十机构业务笔数和金额总量占比超过九成

2022年第一季度，支付业务金额排名前十位的机构共完成支付业务2548.41亿笔、金额105.35万亿元，同比分别增长6.74%和1.97%；排名前十的机构业务笔数和金额分别占交易总量的92.40%、90.68%。

二、网络支付业务

2022年第一季度，支付机构共完成网络支付业务2593.90亿笔、金额102.74万亿元，同比分别增长9.97%、1.13%；分别占交易总量的94.05%、88.43%。其中，移动电话支付作为网络支付的主要部分，在网络支付中的金额占比86.87%；互联网支付在网络支付中的金额占比13.13%。

表3　　　　　　　　2022年第一季度网络支付业务情况

网络支付业务	笔数			金额		
	亿笔	同比增长	占比	亿元	同比增长	占比
互联网支付	359.74	28.74%	13.87%	134877.93	-3.62%	13.13%
移动电话支付	2234.16	7.44%	86.13%	892485.02	1.89%	86.87%
固定电话支付	0	-61.54%	0	0	-14.45%	0
数字电视支付	0	—	0	0	—	0
合计	2593.90	9.97%	100.00%	1027363.69	1.13%	100.00%

注：2021年第一季度数字电视业务量为0，无法进行同比。

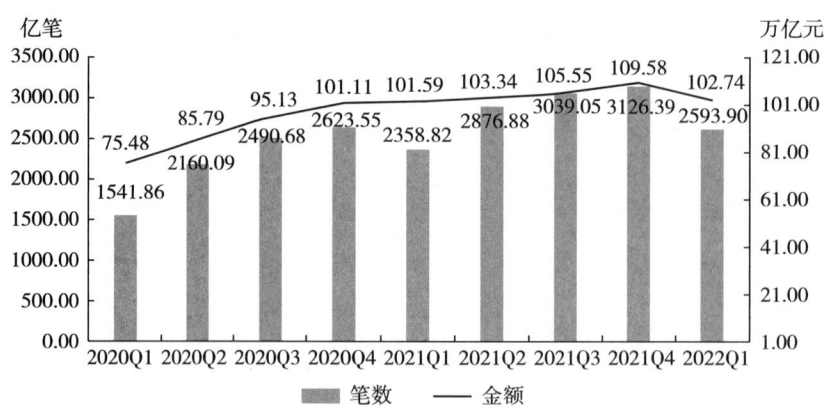

图 2　2020Q1—2022Q1 网络支付业务量

（一）互联网支付业务金额同比小幅下降

2022 年第一季度，支付机构共处理互联网支付业务 359.74 亿笔、金额 13.49 万亿元，同比分别增长 28.74%、下降 3.62%。互联网支付笔数和金额占网络支付业务比重分别为 13.87%、13.13%。

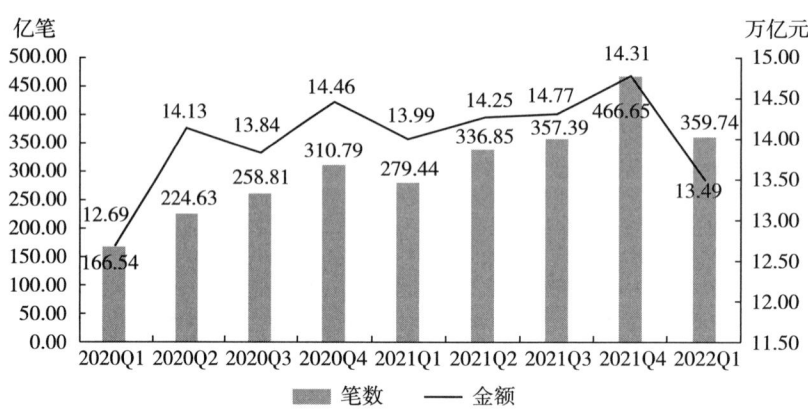

图 3　2020Q1—2022Q1 互联网支付业务量

互联网支付业务金额排名前十位的支付机构共完成互联网支付业务 310.48 亿笔、金额 10.84 万亿元，同比分别增长 27.96%、下降 1.59%。排名前十位的机构业务笔数、金额占比分别为 86.31%、80.37%。

（二）移动电话支付业务量同比保持增长，在网络支付市场份额占比超过八成，继续领涨网络支付业务

2022 年第一季度，支付机构共处理移动电话支付业务 2234.16 亿笔、金额

89.25万亿元，同比分别增长7.44%、1.89%。移动电话支付业务占网络支付总量的86.13%、86.87%。

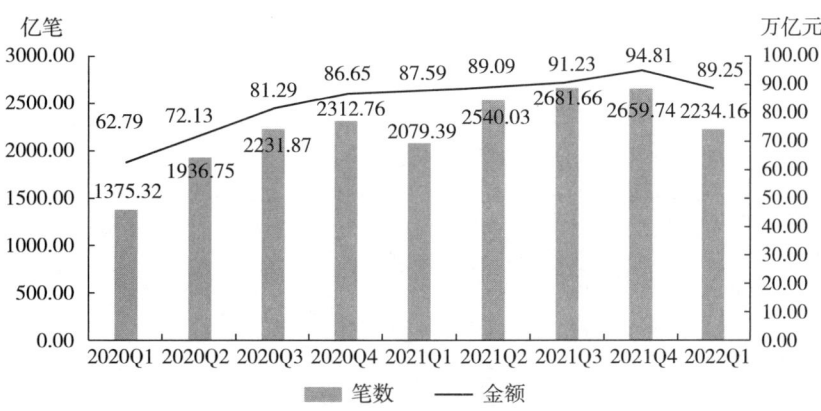

图4 2020Q1—2022Q1 移动电话支付业务量

移动电话支付的市场集中度为所有业务类型之最，业务金额排名前十位的支付机构共完成移动电话支付业务2187.81亿笔、金额88.98万亿元，同比分别增长6.24%、1.99%；笔数、金额占比分别为97.93%和99.70%。

（三）固定电话支付业务的市场参与机构仅剩2家，开展数字电视支付业务的仅有1家

固定电话支付业务和数字电视支付业务占网络支付业务总量的比重均不足1%。2022年第一季度，支付机构共处理固定电话支付业务0.85万笔、金额722.91万元，同比分别下降61.54%、14.45%。

（四）支付机构在用支付账户总量保持增长，新开立支付账户同比减少

截至2022年第一季度末，支付机构在用支付账户（含非实名）数量共计57.37亿个，同比增长9.16%；2022年第一季度支付机构新开立支付账户1.83亿个，同比下降11.30%。

支付账户数量排名前十位的机构共拥有在用支付账户53.67亿个，同比增长9.81%，占比93.56%；2022年第一季度新开立支付账户1.74亿个，同比下降7.99%，占比95.08%。

三、银行卡收单业务

2022年第一季度银行卡收单业务整体平稳。2022年第一季度，支付机构共

完成银行卡收单业务 148.78 亿笔、金额 13.43 万亿元，同比分别增长 2.64%、1.35%。2022 年第一季度，支付宝按照人民银行银行卡收单业务口径进行了调整，并对 2021 年历史数据同步调整①。

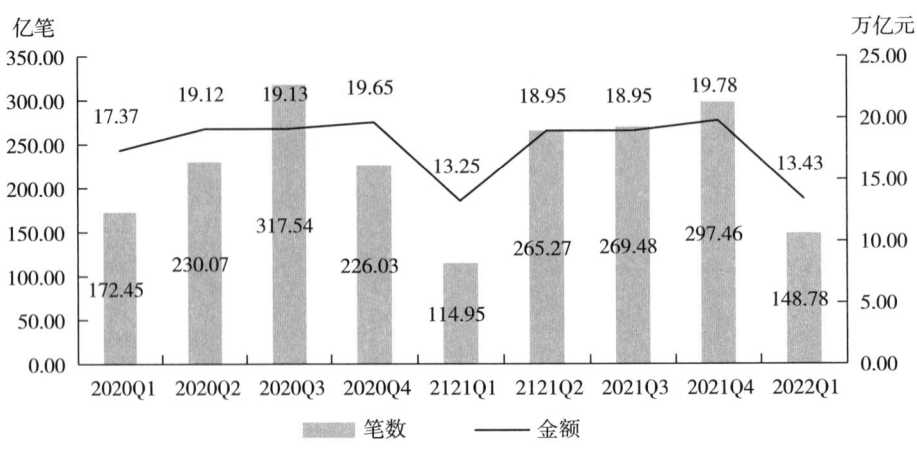

图 5　2020Q1—2022Q1 银行卡收单业务量②

银行卡收单业务市场集中度相对较低。排名前十位的支付机构共完成银行卡收单业务 81.99 亿笔、金额 8.76 万亿元，同比分别增长 9.17%、13.22%，分别占银行卡收单业务总量的 55.11%、65.23%。

四、预付卡业务

2022 年第一季度，从事预付卡业务的机构数量为 87 家。其中，有 11 家经营公交一卡通的预付卡机构。预付卡业务总体规模较小，交易金额在支付机构交易总金额中仅占万分之一。第一季度预付卡交易量进一步萎缩，尤其受疫情影响较大的地区公交预付卡类机构业务萎缩明显，导致预付卡交易量进一步萎缩。

（一）预付卡发行（含充值）业务同比下降

2022 年第一季度共发行预付卡 0.24 亿张、金额 157.40 亿元，同比分别下降

---

① 2021 年第一季度银行卡收单业务笔数和金额分别为 89.14 亿笔、6.05 万亿元。
② 个别机构回溯修订 2021 年第一季度银行卡收单数据口径，修订后数据明显下降，因此 2021 年第一季度银行卡收单业务总量有明显下降。

9.49%、15.79%。发行金额排名前十位的机构中，共发行预付卡 1615.49 万张，同比增长 2.14%；金额 116.28 亿元，同比下降 0.73%；预付卡发行张数和金额分别占总量的 66.89%、73.87%。

（二）预付卡交易业务量同比下降

2022 年第一季度，支付机构共发生预付卡交易 15.21 亿笔、金额 146.56 亿元，同比分别减少 21.23%、6.26%。交易金额排名前十位的机构共发生预付卡交易 6.93 亿笔、金额 104.46 亿元，分别占预付卡交易总量的 45.56%、71.28%。87 家机构中，有 23 家机构交易额超过 1 亿元，另有 19 家机构交易额低于 10 万元，经营面临较大困难。

五、跨境支付业务

2022 年第一季度，共有 42 家支付机构开展跨境支付业务，共处理跨境支付业务 16.52 亿笔、金额 2457.11 亿元。

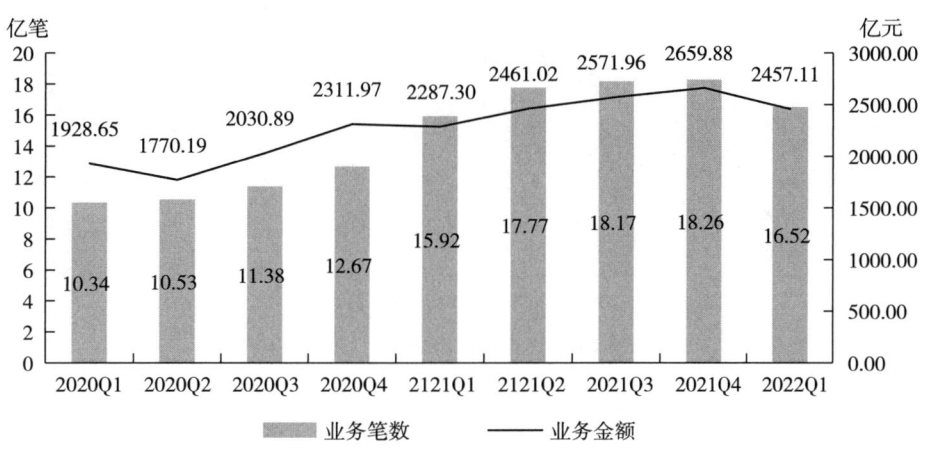

图 6　2020Q1—2022Q1 跨境支付业务量

跨境人民币支付业务的体量高于跨境外汇支付。2022 年第一季度，有 40 家机构开展跨境人民币业务，19 家开展跨境外汇业务，跨境人民币支付业务金额为跨境外汇支付业务金额的 4.06 倍，占跨境支付交易总金额的 80.23%。

跨境支付业务市场集中度高，头部机构的市场占有率阶梯化明显。跨境支付业务金额排名前十位的支付机构完成交易 16.52 亿笔、金额 2457.11 亿元，分别占跨境支付业务总量的 98.12% 和 92.97%。

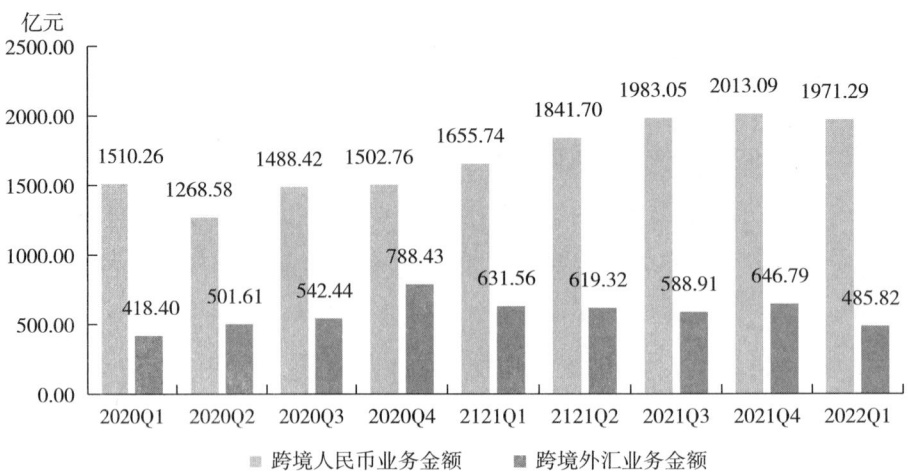

图 7　2020Q1—2022Q1 跨境支付业务量

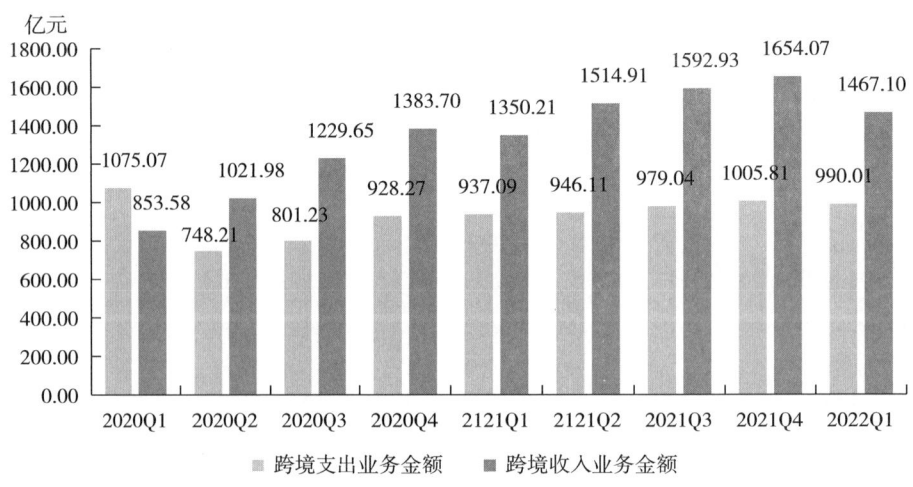

图 8　2020Q1—2022Q1 跨境支出和收入业务金额

六、小结

新冠肺炎疫情影响下，不同支付业务类型发展情况差异显著。2022 年第一季度，支付业务总量整体上保持稳定增长，笔数和金额同比分别增长 9.31% 和 1.15%。其中，网络支付业务量显著增长，银行卡收单业务量基本保持稳定，预付卡交易业务量下降明显。

（一）受疫情影响，网络支付业务量增长显著

线上买菜、社区团购等成为更加安全、便捷的生活消费方式，更多用户选择非接触方式消费，生活缴费具有交易金额小、频次高的特征。因此，2022年第一季度网络支付业务量增长显著，笔数和金额同比分别增长9.97%和1.13%，笔数增速远高于金额增速。其中，移动电话支付业务在网络支付业务总量中占比最大，笔数和金额分别占86.13%和86.87%；移动电话支付增幅最快，笔数和金额同比分别增长7.44%和1.89%，带动了网络支付业务量和支付业务总量的增长。

（二）疫情下银行卡收单业务发展平稳，笔数和金额同比分别增长2.64%和1.35%

在本期个别机构修订其银行卡收单口径以后，银行卡收单业务市场集中度不高，排名前十位的机构笔数合计占比55.11%、金额合计占比65.23%。因银行卡收单业务具有显著的地域差异，各地区疫情严重程度不同，且银行卡收单业务市场集中度不高，可以在一定程度上分散疫情的影响，因此银行卡收单业务总体保持平稳增长。

（三）预付卡业务量受疫情影响最为显著

2022年第一季度笔数和金额同比分别下降21.23%和6.26%，向协会报送预付卡业务量的机构数量为87家，比2021年第四季度减少16家[①]。部分公交预付卡类机构受疫情出行限制影响，预付卡发卡量和交易量均显著下降。此外，还有部分持预付卡业务单牌照机构因市场竞争力弱、业务量大幅减少或经营不善等原因注销牌照。人民银行2022年以来发布的续展信息显示，陕西邮政西邮等9家预付卡单牌照机构主动注销牌照[②]，上海商业等9家预付卡单牌照机构不再续展。[③]

[①] 2022年第一季度共有18家预付卡机构注销牌照或不再续展，其中，北京繁星山谷不是协会会员单位，深圳商连商用自2019年开始不再向协会报数。因此，本季度向协会报送预付卡业务量的机构数量比2021年第四季度减少16家。

[②] 陕西邮政西邮、北京繁星山谷、福建银通、新华传媒、山东城联一卡通、深圳商连商用、厦门象屿、舟山明生商盟、浙江银付通9家预付卡单牌照机构主动注销牌照。

[③] 上海商业、上海乐易、上海瑞得、北京银博盛世、银信联、北京广聚福、国旅（北京）、广西支付通、汇通宝9家预付卡单牌照机构不再续展。

政策传递

中国人民银行关于
支持外贸新业态跨境人民币结算的通知

(银发〔2022〕139号)

中国人民银行上海总部，各分行、营业管理部，各省会（首府）城市中心支行，各副省级城市中心支行；国家开发银行，各政策性银行、国有商业银行，中国邮政储蓄银行，各股份制商业银行；中国银联、跨境清算公司、网联清算有限公司：

为贯彻落实《国务院办公厅关于加快发展外贸新业态新模式的意见》，进一步发挥跨境人民币结算业务服务实体经济、促进贸易投资便利化的作用，支持外贸新业态发展，现将有关事项通知如下：

一、在"了解你的客户""了解你的业务"和"尽职审查"三原则的基础上，境内银行可与依法取得互联网支付业务许可的非银行支付机构（以下简称支付机构）、具有合法资质的清算机构合作，为市场交易主体及个人提供经常项下跨境人民币结算服务。

本通知所称市场交易主体是指跨境电子商务、市场采购贸易、海外仓和外贸综合服务企业等外贸新业态经营者、购买商品或服务的消费者。

二、与支付机构合作的境内银行应具备3年以上开展跨境人民币结算业务的经验，满足备付金银行相关要求，具备审核支付机构跨境人民币结算业务真实性、合法性的能力，具备适应支付机构跨境人民币结算业务特点的反洗钱、反恐怖融资、反逃税系统处理能力。

三、参与提供本通知规定的跨境人民币结算服务的支付机构应满足以下条件：

（一）在境内注册并依法取得互联网支付业务许可。

（二）具有使用人民币进行跨境结算的真实跨境业务需求。

（三）具备健全的跨境业务相关内部控制制度和专职人员，能够按本通知要求及相关规定做好商户信息采集和准入管理，交易信息采集，跨境业务真实性、合法性审核等。

（四）具备跨境人民币结算服务相关反洗钱、反恐怖融资、反逃税等具体制度和措施；具备高效的跨境人民币结算服务相关反洗钱、反恐怖融资、反逃税系统处理和对接能力。

（五）遵守国家有关法律法规，合规经营，风险控制能力较强，近两年未发生严重违规情况。

四、境内银行在为支付机构办理跨境人民币结算业务时，应按本通知第三条规定评估支付机构展业能力，与支付机构签署跨境人民币结算业务协议，明确双方权利和义务，并于10个工作日内向所在地中国人民银行副省级城市中心支行以上分支机构（以下简称中国人民银行分支机构）备案。境内银行应每年对已备案支付机构展业能力进行评估并定期报送所在地中国人民银行分支机构。跨境人民币结算业务协议发生变更的，境内银行应于10个工作日内向所在地中国人民银行分支机构备案。对于经评估不满足本通知第三条相关要求的支付机构或跨境人民币结算业务协议终止的，境内银行应于10个工作日内向所在地中国人民银行分支机构报告并办理撤销备案。

五、开展本通知规定的跨境人民币结算业务应具有真实、合法的交易基础，且符合国家有关法律法规规定。境内银行与支付机构合作开展本通知规定的跨境人民币结算业务的，双方应协商建立业务真实性审核机制，共同做好业务背景真实性、合法性审核，不得以任何形式为非法交易提供跨境人民币结算服务。

（一）境内银行、支付机构应加强市场交易主体管理，依法采集市场交易主体基本信息，并定期核验更新，建立市场交易主体负面清单。

（二）境内银行、支付机构应根据市场交易主体类别、交易特征等，合理确定各类跨境人民币结算业务的单笔交易限额。

（三）境内银行、支付机构应建立健全跨境人民币结算业务事中审核和事后抽查制度，加强对大额交易、可疑交易、高频交易等异常交易的监测，相关信息至少留存5年备查。

（四）支付机构应制定交易信息采集及验证制度，对于违规风险较高的交易,支付机构应要求市场交易主体提供相关单证材料;不能确认交易真实合法的,应拒绝办理相关跨境人民币结算业务。

(五)与支付机构合作的境内银行发现异常情况的,应及时采取相应措施,包括但不限于要求支付机构及交易相关方就可疑交易提供真实合法的单证材料;确认发生异常情况的,境内银行应于 5 个工作日内向所在地中国人民银行分支机构报告。境内银行对支付机构违规业务依法承担连带责任。

境内银行直接为市场交易主体提供本通知规定的跨境人民币结算服务的,参照本通知办理。

六、境内银行和支付机构提供跨境人民币结算服务时,应依法履行反洗钱、反恐怖融资、反逃税义务,遵守打击跨境赌博、电信网络诈骗及非法从事支付机构业务等相关规定。

七、境内银行应按照人民币跨境收付信息管理系统(RCPMIS)信息报送相关要求,及时、准确、完整地报送跨境收付数据,轧差净额结算应还原为收款和付款信息报送。境内银行、支付机构应妥善保存集中收付或轧差净额结算前境内实际收付款机构或个人的逐笔原始收付款数据备查。

八、中国人民银行及其分支机构可依法对境内银行和支付机构开展的外贸新业态跨境人民币结算业务开展非现场监测,境内银行和支付机构应予以配合。

九、支持境内银行和支付机构提升服务能力,加大对外贸新业态跨境人民币结算业务的支持力度,丰富外贸新业态跨境人民币结算业务配套产品,降低市场交易主体业务办理成本。

十、本通知自 2022 年 7 月 21 日起施行。《中国人民银行关于贯彻落实〈国务院办公厅关于支持外贸稳定增长的若干意见〉的指导意见》(银发〔2014〕168 号)第七条等规定与本通知不一致的,以本通知为准。

中国人民银行

2022 年 6 月 16 日

中国银保监会　中国人民银行关于进一步促进信用卡业务规范健康发展的通知

银保监规〔2022〕13号

各银保监局，中国人民银行上海总部、各分行、营业管理部、各省会（首府）城市中心支行、各副省级城市中心支行，各大型银行、股份制银行、外资银行，各非银行支付机构，中国银联股份有限公司、网联清算有限公司、连通（杭州）技术服务有限公司：

为规范信用卡业务经营行为，落实银行业金融机构及其合作机构管理责任，提升信用卡服务质效，保护金融消费者合法权益，坚持以人民为中心的发展思想，促进信用卡业务以高质量发展更好支持科学理性消费，现就有关事项通知如下：

一、强化信用卡业务经营管理

（一）银行业金融机构应当制定审慎稳健的信用卡发展战略，经本机构董事会或者高级管理层审核同意，并持续有效实施和定期评估完善。银行业金融机构应当严格依据发展战略合理制定信用卡年度经营管理目标与计划。

（二）银行业金融机构应当建立科学合理的信用卡业务绩效考核指标体系和薪酬支付机制。合规经营类指标和风险管理类指标权重应当明显高于其他类指标。银行业金融机构应当定期评估和确定对信用卡业务风险有重要影响的岗位和人员范围，实施严格的绩效薪酬延期支付及追索、扣回管理。

（三）银行业金融机构应当严格执行信用卡资产质量分类标准和认定程序，全面准确及时反映资产风险状况。加强资产质量迁徙趋势分析，设定风险预警指标，持续有效识别、计量、监测、预警、防范和处置风险，准确掌握不良资产的规模和结构，按程序及时处置、核销。

（四）银行业金融机构应当严格实施信用卡业务的员工行为管理，开展持续监督和定期排查，实施对重要岗位、重点人员业务行为的全流程监督，建立并完善违法违规行为问责和记录机制，有效监测、识别、预警和防范信用卡业务从业人员违法违规行为。

（五）银行业金融机构应当加强对本机构从事信用卡业务员工的合规培训和消费者权益保护培训，每人每年培训时间合计不得少于30小时。

二、严格规范发卡营销行为

（六）银行业金融机构不得直接或者间接以发卡数量、客户数量、市场占有率或者市场排名等作为单一或者主要考核指标。

银行业金融机构应当持续采取有效措施防范伪冒欺诈办卡、过度办卡等风险。对单一客户设置本机构发卡数量上限。强化睡眠信用卡动态监测管理，严格控制占比。连续18个月以上无客户主动交易且当前透支余额、溢缴款为零的长期睡眠信用卡数量占本机构总发卡数量的比例在任何时点均不得超过20%，政策法规要求银行业金融机构发行的附加政策功能的信用卡除外。超过该比例的银行业金融机构不得新增发卡。银保监会可根据监管需要，动态调降长期睡眠信用卡的比例限制标准。

银行业金融机构为信用卡绑定支付账户等其他账户时应当尊重客户真实意愿，并提供同等便利程度的解除绑定服务。客户申请销卡的，应当在确认无未结清款项后，及时完成办理。

（七）银行业金融机构开展信用卡业务应当切实加强营销宣传管理。在与客户订立信用卡合同时，对收取利息、复利、费用、违约金等条款、风险揭示内容应当严格履行提示或者说明义务。以明显的方式向客户展示最高年化利率水平，以及使用信用卡涉及的法律风险和法律责任，确保客户注意和理解条款内容。应当向客户主动告知本机构咨询、投诉受理渠道，以及信用卡章程、客户签订的信用卡业务申请表、相关合同（协议）的查询渠道，并将还款通知、逾期信息上报等事项以合同约定的方式通知客户。在为客户开通信用卡网络支付功能时，应当充分履行事前告知义务，与客户就网络支付条款达成一致意见，并就开通事宜取得客户确认同意。

（八）银行业金融机构应当在信用卡客户身份核验和办卡意愿核验等关键环节积极采取录音录像或其他有效措施完整客观记录和保存风险揭示、信息披露等重要信息，确保记录信息全面、准确、不可篡改和可回溯，并能够满足我国境内金融管理部门监督检查和司法机关调查取证的要求。记录信息应至少包括：信用卡申请人有效身份证明材料、与信用卡申请相关的财务状况、信贷记录、宣传销售文本、信用卡章程和签署后的领用合同（协议）、重要提示及确认信息等。记录的信息资料自客户业务存续期结束起应当至少保存5年。

（九）未经银行业金融机构进行内部统一资格认定，任何人员不得从事该机构信用卡发卡营销活动。银行业金融机构应当在本机构营业网点和电子渠道提供信用卡营销人员信息查询方式。信用卡营销人员应当事前向客户出示载有发卡机构标识及个人工作信息的工作证件，并向客户告知信用卡营销人员信息查询方式。

（十）银行业金融机构应当实施严格的信用卡营销行为管理。不得承诺发卡或者承诺给予高额授信；不得进行欺诈、虚假宣传；不得采取默认勾选、强制捆绑销售等方式营销信用卡。

三、严格授信管理和风险管控

（十一）银行业金融机构应当加强对信用卡客户的资信审核，通过金融信用信息基础数据库等合法渠道了解分析客户信用状况，实施必要的多维度交叉验证，自主审核判断客户身份和鉴别申请材料内容的真实性、完整性、时效性。对经查在不同机构存在多项债务记录的客户，应当从严审核，严格防范多头借贷风险。

（十二）银行业金融机构应当根据客户信用状况、收入状况、财务状况等合理设置单一客户的信用卡总授信额度上限，并纳入该客户在本机构所有授信额度内实施统一管理。在信用卡总授信额度内，预借现金业务授信额度不得超过非预借现金业务授信额度。银行业金融机构发放学生信用卡，应当事前落实第二还款来源。

银行业金融机构应当对单一客户实施充分尽职调查，对所获知该客户在其他机构的所有信用卡授信额度实施合并管理。在授信审批和调升授信额度（含临时调升额度）时，应当在该客户本机构信用卡总授信额度内相应扣减累计已获其他机构信用卡授信额度，监测本机构新发卡客户同时在其他机构申请信用卡情况，实施相应的额度扣减。

（十三）银行业金融机构应当实施严格审慎的信用卡授信额度动态管理，至少每年对信用卡客户的授信额度实施一次重新评估、测算和确定。对于风险状况出现恶化的客户应当加强监测分析，及时采取调减授信额度等措施。对调升客户授信额度的，应当重新进行授信审批，未经客户同意不得调升授信额度。银行业金融机构应当严格设置调升授信额度审批权限，合理设定授信额度临时调升的幅度、次数、时间间隔和有效期等。

（十四）银行业金融机构应当建立健全信用卡风险模型开发、测试、评审、应用、监测、校正、优化和退出的全流程管理机制，确保风险模型开发与评审环节相互独立，并至少每年对风险模型进行重新评审和及时更新优化。使用合作机构辅助提供的信用卡有关风险模型时，应当遵循可解释、可验证、透明、公平原则，不得将风险模型管理职责外包。银行业金融机构董事会和高级管理层应当了解信用卡相关风险模型的作用与局限。

四、严格管控资金流向

（十五）银行业金融机构应当采取有效措施及时、准确监测和管控信用卡资金实际用途。信用卡资金不得用于偿还贷款、投资等领域，严禁流入政策限制或者禁止性领域。

（十六）银行业金融机构、收单机构、清算机构应当建立健全对套现、盗刷等异常用卡行为和非法资金交易的监测分析和拦截机制，对可疑信用卡、可疑交易依法采取管控措施，持续有效防控套现、欺诈风险，防范信用卡被用于违法犯罪活动。依法完整记录、保存信用卡交易等信息，并持续满足我国境内金融管理部门监督检查和司法机关调查取证的要求。

（十七）收单机构应当按照相关法律法规和规则要求准确标识交易信息，向清算机构完整上送并传输至发卡银行业金融机构，便利发卡银行业金融机构识别与判断风险，保障信用卡交易安全。银行业金融机构应当根据可得交易信息，向客户完整、准确展示交易信息，收到的交易信息不符合相关规定的，应当审慎评估并采取必要风险防范措施。清算机构应当按规定制定完善跨机构支付业务报文规则，并对存在漏报、错报、伪造交易信息等行为的成员机构采取必要措施。交易信息包括但不限于交易时间、交易国别、境内外交易标识、交易地点（包括网络交易平台名称）、交易金额、交易类型和商户名称及类别等真实反映交易场景的必要信息。涉及个人敏感信息的，应当采取脱敏等方式进行个人信息保护。

五、全面加强信用卡分期业务规范管理

（十八）银行业金融机构应当严格规范信用卡分期业务管理。为客户办理分期业务应当设置事前独立申请、审批等环节，以简明易懂方式充分披露分期业务性质、办理程序、潜在风险和违约责任等，并由客户通过具有法律效力的方式确认知晓。应当与客户就每笔分期业务单独签订合同（协议），不得与其他信用卡业务合同（协议）混同或者捆绑签订。信用卡分期资金需划转至客户本人账户的，应当划转至除信用卡之外的本人银行结算账户，并按照预借现金业务进行额度和期限管理。

（十九）银行业金融机构不得对已办理分期的资金余额再次办理分期，《商业银行信用卡业务监督管理办法》（中国银行业监督管理委员会令2011年第2号）规定的个性化分期还款协议除外。不得对分期业务提供最低还款额服务。不得仅提供或者默认勾选一次性收取全额分期利息的选项。

（二十）银行业金融机构应当审慎设置信用卡分期透支金额和期限，明确分期业务最低起始金额和最高金额上限。分期业务期限不得超过5年。客户确需对预借现金业务申请分期还款的，额度不得超过人民币5万元或者等值可自由兑换货币，期限不得超过2年。

（二十一）银行业金融机构应当在分期业务合同（协议）首页和业务办理页面以明显方式展示分期业务可能产生的所有息费项目、年化利率水平和息费计算方式。向客户展示分期业务收取的资金使用成本时，应当统一采用利息形式，并明确相应的计息规则，不得采用手续费等形式，法律法规另有规定的除外。

（二十二）客户提前结清信用卡分期业务的，银行业金融机构应当按照实际

占用的资金金额及期限计收利息,并按照法律法规规定和与客户合同约定计收费用。

六、严格合作机构管理

(二十三)银行业金融机构开展信用卡业务合作时,应当切实落实业务合规审查主体责任,加强与合作机构在从业人员合规和消费者保护培训等方面的协作。总行信用卡业务管理部门或者信用卡专营机构总部应当对合作机构制定明确的准入、退出标准和管理审批程序,并实行名单制管理。应当与合作机构签订书面合作合同,明确约定双方权责。发现合作机构提供不公平不合理合作条件或者服务的,或未按约定履行交易信息传输义务的,应当拒绝合作或者根据合同约定终止合作。本通知所称合作机构包括但不限于信用卡广告推介、支付结算、信息科技、增值服务和催收等业务环节开展合作的各类机构。

(二十四)银行业金融机构应当通过自营渠道受理信用卡申请、客户信息采集、身份验证、发卡审核、合同(协议)条款签订等业务环节,不得通过合作机构管理和控制的互联网平台、页面或者其他电子渠道实施,确保债权债务关系清晰准确。通过合作机构管理和控制的渠道进行账单金额或者应还款金额查询的,应当取得客户的单独同意,并采取必要措施保障客户的个人信息安全。对于通过其他合作机构渠道场所转入本机构自营网络平台申请信用卡的消费者,应当要求合作机构就渠道场所权属主体区别作出专门提示。

(二十五)银行业金融机构通过单一合作机构或者具有关联关系的多家合作机构各类渠道获取信用卡申请的,批准信用卡的发卡数量合计不得超过本机构信用卡总发卡数量的25%,授信额度合计不得超过本机构信用卡总授信额度的15%。法律法规另有规定的除外。

(二十六)银行业金融机构应当承担本机构联名卡的经营管理主体责任,确保联名卡合作双方在所有信用卡相关业务环节平等呈现各自品牌,不得直接或者变相由联名单位代为行使银行职责或者用联名单位品牌替代银行品牌。应当持续加强对联名单位经营风险、声誉风险和其他不利影响的分析和监测,严格防范风险向本机构传导。除通过本机构自营渠道取得客户单独授权的,不得向联名单位回传与其提供的主营业务领域权益服务无关的信息。不得通过发行联名卡或者借助联名单位渠道超出经营区域限制开展业务。加强与银行卡清算机构协作，建立完善联名卡发卡业务规则。

（二十七）银行业金融机构应当审慎充分评估联名单位与信用卡产品定位的匹配度。联名单位应当是为信用卡客户提供本单位主营业务领域权益服务的非金融机构。银行业金融机构不得与金融机构、非银行支付机构、地方金融组织等合作发放联名卡，银保监会另有规定的除外。

（二十八）银行业金融机构开展联名卡合作的业务范围，应当限于联名单位宣传推介及提供其主营业务领域的权益服务。联名单位提供数据分析、技术支持、催收等其他服务的，应当另行签订专门合同，并按照收益风险匹配原则分别约定双方权责，不同合作内容类别之间不得相互混同和交叉捆绑。

（二十九）联名单位在联名卡业务合作中直接或者变相参与信用卡收入或者利润分成，或者将收费标准与信用卡透支金额等指标不当挂钩的，银行业金融机构应当停止与其进行联名卡合作。

（三十）银行业金融机构应当落实催收管理主体责任，严格制定并实施催收业务审计检查、投诉处理等管理制度，规范催收行为，不得违法违规提供或者公开客户欠款信息，不得对与债务无关的第三人进行催收。不断加强本机构催收能力建设，降低对外包催收的依赖度。加强对外包催收机构的管理。银行业金融机构应当至少在本机构官方渠道统一公开委托催收机构名称、联系方式等有关信息。

七、加强消费者合法权益保护

（三十一）银行业金融机构应当建立消费者权益保护审查制度和工作机制，并纳入信用卡业务风险管理和内部控制体系。定期严格审查信用卡格式合同，避免出现侵害消费者合法权益的条款和内容。

（三十二）银行业金融机构应当按照属地管理、分级负责、及时就地解决的原则，依法妥善处理风险事件及客户投诉。银行业金融机构应当根据本机构经营规模、业务发展趋势、投诉数量配备充足的岗位人员，并确保其能够充分获取履职所需权限和资源。

（三十三）在依法合规和有效覆盖风险前提下，银行业金融机构应按市场化原则科学合理确定信用卡息费水平，切实提升服务质效，持续采取有效措施，降低客户息费负担。

（三十四）银行业金融机构应当严格执行数据安全、个人信息保护等相关法律法规和征信管理有关规定，遵循"合法、正当、必要"原则，应当在合作合同中明确约定双方使用客户信息的目的、方式和范围，客户信息保密责任义务，以及防控客户信息泄露风险的有效措施。不得与违法违规进行数据处理的机构开展合作。

八、加强信用卡业务监督管理

（三十五）银保监会及其派出机构、人民银行及其分支机构应当依照法定职责，加强对信用卡业务的风险识别、监测、预警、防控和处置，不断强化对信用卡业务相关的各类业务活动的延伸监测和规范。对违反本通知规定的，应当责令限期改正，并根据《中华人民共和国银行业监督管理法》《中华人民共和国中国人民银行法》等法律、行政法规及有关规定，采取相关监管措施或者实施行政处罚。

（三十六）银保监会商人民银行按照风险可控、稳妥有序原则，推进信用卡行业创新工作，通过试点等方式探索开展线上信用卡业务等创新模式。

（三十七）中国银行业协会、中国支付清算协会应当充分发挥行业自律职能，持续完善信用卡业务自律规则和风险评价体系等，加强自律惩戒和通报。

（三十八）本通知自公布之日起施行。过渡期为本通知实施之日起2年，存量业务不符合本通知规定的，应当在过渡期内完成整改，并在6个月内按照本通知要求完成业务流程及系统改造等工作，改造后新增业务应当符合本通知规定。

（三十九）本通知由银保监会会同人民银行负责解释。

中国银保监会 中国人民银行
2022年6月20日

《中国支付清算》征稿启事

《中国支付清算》（按季出版）是由中国支付清算协会主办、中国金融出版社出版发行的、以支付清算结算为研究对象的国家级出版物。《中国支付清算》将授予本书确定的相关学术资源数据库和网站、微信公众号电子版权。凡向《中国支付清算》投稿的作者，视为同意上述授权，本书支付给作者的稿酬已包含上述数据库和微信公众号著作权使用费。

《中国支付清算》设有特约评论、行业聚焦、经济观察、理论研究、政策解读、统计分析、案例研究、国际观察、金融账户、金融工具、金融基础设施、金融监管、金融创新、金融科技、金融标准、金融普惠、反洗钱、法律探讨、风险管理、经验推介、金融知识、金融译林、金融史话、社会责任、基层声音等栏目。每辑栏目根据所录文章灵活设置。

《中国支付清算》紧紧围绕"宣传党中央、国务院经济金融工作部署，跟踪支付清算发展，研究支付清算理论、探讨支付清算实务、促进产业健康发展"的宗旨，密切关注国内国际支付清算发展的理论成果和改革动态，涉及国内外支付服务组织、账户管理、支付工具、金融基础设施、市场监管等主要内容，同时兼顾相关经济金融领域的重要问题，具有较强的专业性、理论性、实务性和学术性。

《中国支付清算》服务支付产业发展，贴近监管和市场，平台高、影响面广。欢迎支付清算行业从业人员、高等院校和研究机构等社会各界人士投稿，思想性强、逻辑严密、写作规范的稿件优先编发，并择优在中国支付清算论坛支付清算学术研讨会上介绍交流；在征得作者同意的前提下，通过专门工作机制择优向英国《支付战略与体系》期刊（Journal of Payments Strategy & Systems，JPSS，英国亨利·斯图尔特出版社出版的银行和金融业系列刊物之一）推荐。

为规范《中国支付清算》用稿，提高编辑质量和效率，请投稿者务必遵守《〈中国支付清算〉稿件要求和体例》。本书只接受电子版投稿，投稿邮箱为：huikanzhuanyong@pcac.org.cn。投稿文档请按如下格式标明，并同时标注于邮件主题上："投稿日期_作者_文章名"。

投稿文章须为原创作品，文责自负。凡投寄本书的稿件，请务必注明参考文献。翻译稿件请务必获得原作者授权并注明出处。请勿一稿多投，严禁抄袭，查重率不得高于10%。投稿后三个月内未收到用稿反馈的，可自行处理。在编辑出版过程中，如遇到他书（刊）采用的，请作者及时告知，以免造成重复编发。

投稿者还可关注中国支付清算协会官方网站（http：//www.pcac.org.cn）和微信公众号（中国支付清算协会），获取中国支付清算协会和《中国支付清算》的出版资讯、学术活动、征稿主题等相关信息。